Moust/Bouhuijs/Schmidt
Problemorientiertes Lernen

D1724054

Buchtips von Ullstein Medical

Pflegepraxis

Benner/Tanner/Cesta
Pflegeexperten und Pflegekompetenz
Ullstein Medical, Wiesbaden 1998
ISBN 3-86126-605-9

Thomas Jendrosch
Projektmanagement
Ullstein Medical, Wiesbaden 1998
ISBN 3-86126-643-1

Patrick Muijsers
Fertigkeitenunterricht für Pflege- und Gesundheitsberufe
Das „Skillslab"-Modell
Ullstein Mosby, Berlin/Wiesbaden 1997
ISBN 3-86126-624-5

Patrick Muijsers
Modularisierung des Pflegeunterrichts
Ullstein Medical, Wiesbaden 1998
ISBN 3-86126-671-7

Horst-Peter Wolff (Hrsg.)
Biographisches Lexikon zur Pflegegeschichte
Ullstein Mosby, Berlin/Wiesbaden 1997
ISBN 3-86126-628-8

Pflegetheorie

Georges C. M. Evers
Theorien und Prinzipien der Pflegekunde
Ullstein Mosby, Berlin/Wiesbaden 1997
ISBN 3-86126-532-X

Shirley M. Ziegler (Hrsg.)
Theoriegeleitete Pflegepraxis
Ullstein Mosby, Berlin/Wiesbaden 1997
ISBN 3-86126-610-5

Pflegeethik

Arie J. G. van der Arend
Pflegeethik
Ullstein Medical, Wiesbaden 1998
ISBN 3-86126-648-2

Weitere Informationen über unsere Neuerscheinungen finden Sie im
Internet unter: http://www.UllsteinMedical.de

Jos H. C. Moust
Peter A. J. Bouhuijs
Henk G. Schmidt

Problemorientiertes Lernen

ULLSTEIN
MEDICAL

Jos H. C. Moust, Maastricht (NL)
Peter A. J. Bouhuijs, Maastricht (NL)
Henk G. Schmidt, Maastricht (NL)

Übersetzung: Martin Rometsch, Mengen
Bearbeitung: Angelika Abt-Zegelin, Dortmund

Die Deutsche Bibliothek - CIP Einheitsaufnahme

Moust, Jos, H. C.:
Problemorientiertes Lernen / Jos H. C. Moust ;
Peter, A. J. Bouhuijs ; Henk G. Schmidt.
[Übers.: Martin Rometsch. Bearb.: Angelika Abt-
Zegelin]. – Wiesbaden : Ullstein Medical, 1999
Einheitssacht.: Problemgestuurd leren <dt.>
    ISBN 3-86126-584-2

Das vorliegende Buch ist eine Übersetzung aus dem
Niederländischen von: „Probleemgestuurd Leren"
von Jos H. C. Moust, Peter A. J. Bouhuijs und Henk
G. Schmidt.

© Wolters Noordhoff, Groningen, 1997

© Ullstein Medical Verlagsgesellschaft mbH & Co.,
Wiesbaden 1999

Lektorat: Jürgen Georg, Meike Körner
Herstellung: Detlef Mädje
Satz: Femoset Satz & Repro GmbH, Wiesbaden
Druck und buchbinderische Verarbeitung:
Freiburger Graphische Betriebe

Printed in Germany

ISBN 3-86126-584-2

Die Wiedergabe von Gebrauchsnamen, Han-
delsnamen oder Warenbezeichnungen in diesem Werk berechtigt auch ohne besondere
Kennzeichnung nicht zu der Annahme, daß
solche Namen in Sinne der Warenzeichen-
Markenschutz-Gesetzgebung als frei zu betrachten wären und daher von jedermann benutzt werden dürfen.
Dieses Werk, einschließlich aller seiner Teile,
ist urheberrechtlich geschützt. Jede Verwer-
tung außerhalb der engen Grenzen des Urhe-
berrechtes ist ohne Zustimmung des Verlages
unzulässig und strafbar. Das gilt insbesondere
für Vervielfältigungen, Übersetzungen, Mikro-
verfilmungen sowie die Einspeicherung und
Verarbeitung in elektronischen Systemen.

Inhaltsverzeichnis

Vorwort

Universitäten und Schulen bieten immer häufiger Studienprogramme an, deren Thema das problemorientierte Lernen ist. Jedes Jahr lernen Tausende von Studenten diesen didaktischen Ansatz, der viel Selbständigkeit verlangt, zum erstenmal kennen. Der Lernstoff wird nicht genau umschrieben und nicht fertig aufbereitet. Der Lernende braucht also sehr viel Eigeninitiative.

Die Erfahrung hat gezeigt, daß eine gute Vorbereitung auf den problemorientierten Unterricht sehr wichtig ist. Dieses Buch ist im Laufe der Jahre aus Erfahrungen hervorgegangen, die an der Universität Maastricht in den Studienfächern Medizin, Gesundheits-, Pflegewissenschaft, Rechtswissenschaft und Volkswirtschaft gemacht wurden. Dort wird diese Methode seit 1974 angewandt. Es hat sich gezeigt, daß Lernende vor allem zu Beginn ihres Studiums praktische Informationen über Lerntechniken benötigen. Darum ist dieses Buch als Leitfaden für die große Gruppe von Lernenden gedacht, die mit dieser Unterrichtsform noch nicht vertraut ist. Der Schwerpunkt liegt auf den Fertigkeiten, die der problemorientierte Unterricht verlangt. Wir gehen auf die Arbeit in Kleingruppen und auf das Selbststudium ein. Erläuterungen, Tips, Aufgaben und Fragen machen den gesamten Lernprozeß durchschaubar.

Manche Menschen haben Schwierigkeiten mit bestimmten Aspekten ihres Studiums. Dieses Buch wurde zwar nicht speziell für sie geschrieben, aber ihnen kann möglicherweise das Literaturverzeichnis weiterhelfen.

Dieses Buch ist also kein Handbuch für die Planung eines problemorientierten Unterrichts. Interessierte Dozenten verweisen wir insofern auf andere Veröffentlichungen. Allerdings sollten auch sie darüber informiert sein, wie Lernende mit dieser Unterrichtsform am besten zurechtkommen.

Die Erfahrungen, welche die Autoren an der Universität Maastricht und an anderen Schulen in mehr als zwanzig Jahren gesammelt haben, sind hier gebündelt. Viele andere haben im Laufe der Zeit mit geholfen, Unterrichtsmaterial zu gestalten und zu prüfen, um den Studenten zu einem guten Start im problemorientierten Unterricht zu verhelfen.

Die Unterrichtsprogramme der Universität Maastricht sind eine reiche Quelle für Beispiele. Wir danken unseren Kollegen, die uns auf verschiedene Weise geholfen haben, dieses Buch zusammenzustellen. Dankbar sind wir auch den zahlreichen Studenten, die frühere Auflagen des Buches benutzt und wertvolle Änderungsvorschläge gemacht haben.

Der problemorientierte Unterricht ist ein Ansatz, der sich noch in der Entwicklung befindet. Dies hat uns dazu ermutigt, den ursprünglichen Text in dieser Neuauflage an einigen Stellen zu ändern.

Maastricht, April 1997
Jos Moust, Peter Bouhuijs und Henk Schmidt

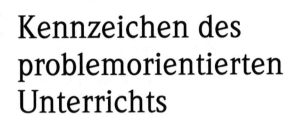

Kennzeichen des problemorientierten Unterrichts

I.I   Was ist problemorientierter Unterricht?

Lesen Sie den folgenden Text sorgfältig.

Ein warmer Sommertag
Es ist ein warmer und schwüler Sommertag. Wenn man genau hinschaut, sieht man unzählige aufsteigende Staubteilchen in der Luft. Am frühen Nachmittag bilden sich dunkle Wolken, und es wird noch schwüler. Plötzlich zuckt in der Ferne ein Blitz, gefolgt von Donner. Es regnet heftig. Ein Gewitter. Erklären Sie diese Phänomene.

Wenn Sie über die genannten Phänomene nachdenken, kommen Ihnen wahrscheinlich folgende Ideen:
„Hier geht es offenbar darum, wie ein Gewitter entsteht. Es hat etwas mit statischer Elektrizität zu tun. Ich glaube, die Blitze sind Funken, die zwischen Wolken mit unterschiedlicher Ladung hin und her springen. Dabei verschieben sich Luftmassen, und es entsteht ein Knall. Die Luft wird zusammengedrückt und dehnt sich dann wieder aus. Ich weiß nicht, warum sie zusammengedrückt wird. Aber mir ist klar, warum man erst den Blitz sieht und dann den Donner hört: Das Licht ist schneller als der Schall. Feuchte Luft leitet die statische Elektrizität besser, aber ich weiß nicht, woher die unterschiedlichen Ladungen in den Wolken kommen. Es muß mit der Wärme zusammenhängen. Es gibt zwar auch Gewitter im Winter, aber vor allem im Sommer, an schwülen Tagen im August und dann besonders am Abend. Welche Bedeutung der auf-

steigende Staub hat, ist mir unklar. Warum steigt er auf? Vielleicht weil die Luft sich auf der Erdoberfläche erwärmt. Aber ich weiß nicht, wie die Wolken zu ihrer Ladung kommen."

Unser fiktiver Denker weiß eine ganze Menge über die Phänomene, für die wir eine Erklärung suchen. Er weiß etwas über statische Elektrizität, über die Ursachen des Donners, über die unterschiedliche Geschwindigkeit des Lichts, des Schalls und über die Bedingungen, unter denen Unwetter hauptsächlich entstehen. Außerdem stellt er allerlei Vermutungen an, und er formuliert Fragen, die er nicht beantworten kann: Welche Bedeutung hat der aufsteigende Staub? Wie kommen die Wolken zu ihrer Ladung? Möglicherweise wissen Sie über die hier beschriebenen Phänomene besser Bescheid, und vielleicht haben Sie größere Vorkenntnisse oder können Phänomene besser verknüpfen. Wenn Sie jedoch die Frage ernst nehmen und kein Meteorologe sind, wissen auch Sie nicht alles über die Vorgänge, die einem Gewitter zugrunde liegen, und es kann sein, daß Sie mehr darüber erfahren möchten.

Damit haben wir bereits die Bestandteile einer ziemlich neuen Unterrichtsmethode kennengelernt, die man *problemorientierten Unterricht* (im Englischen: „problem-based learning") nennt. Diese Bestandteile sind: eine *Problembeschreibung*, die zum Nachdenken anregt (es gibt nicht nur theoretische, sondern auch praktische Probleme); *Vorkenntnisse*, die das Nachdenken aktivieren; *Fragen,* die auftauchen; und das Bedürfnis oder die *Motivation,* in einem Buch nachzuschlagen, um die Fragen zu beantworten. Wenn Sie nun noch *zusammen mit anderen* nachdenken, die ebenfalls an dem Problem interessiert sind, und wenn ein *Dozent* dabei ist, dann ist die Skizze des problemorientierten Lernens vollständig. In diesem Kapitel werden wir der Skizze weitere Einzelheiten hinzufügen. Beginnen wir damit, das bereits Gesagte auf ein Unterrichtsprogramm anzuwenden: Dem Lernenden wird am Anfang des Lernprozesses, also bevor der Lernstoff erarbeitet wird, ein Problem vorgelegt. Die Aufgabe besteht darin, das Problem zu analysieren. Das geschieht meist in einer Gruppe *(Unterrichtsgruppe),* die ein Lehrer *(Tutor)* betreut. Zunächst versucht die Gruppe, auf der Grundlage der vorhandenen Vorkenntnisse eine *vorläufige Analyse* des Problems zu erstellen. Während dieser Analyse tauchen Fragen über Details auf, die nicht sofort zu beantworten sind. Auf dieser Basis werden *Lernziele* für das *Selbststudium* formuliert. In der Zeit zwischen zwei Gruppensitzungen (meist einige Tage) arbeiten die Lernenden einzeln oder miteinander an den Lernzielen, indem sie Bücher und Artikel lesen, Videos anschauen, Dozenten um Rat fragen und so weiter. Danach *berichten* sie der Gruppe, was sie gelernt haben, und überlegen, ob sie das Problem jetzt besser begreifen.

Der problemorientierte Unterricht wird meist in *Blöcke* bzw. in modulisierbare Lerneinheiten eingeteilt, die einige Wochen lang vorrangig ein bestimmtes *Thema* behandeln. Die Dozenten, die für den Unterrichtsblock verantwortlich sind, stellen einen *Reader* zusammen, eine Art Kursbuch für die Reise durch den Lernstoff. Der Kern des Readers besteht aus Problembeschreibungen oder Aufgaben, die mit dem Thema des Blocks zu tun haben. Außerdem enthält er eine kurze Einführung in das Thema, Stundenpläne, Gruppeneinteilungen, Listen mit empfohlener Literatur, audiovisuellen Hilfsmitteln und Computerprogrammen sowie einen Überblick über Praktika, Seminare, Exkursionen und dergleichen. Ein Reader ist also keine Zusammenfassung und kein Vorlesungsskript; er gibt zwar Hinweise darauf, wie man sich den Lernstoff zu einem bestimmten Thema erarbeiten kann, enthält aber nicht den Stoff selbst.

Der problemorientierte Unterricht wurde 1969 an der medizinischen Fakultät der McMaster University in Hamilton, Kanada, eingeführt. Seither hat diese Unterrichtsmethode rasch an Beliebtheit gewonnen. In Hochschulen auf der ganzen Welt bildet diese Methode die Grundlage für die Unterrichtsprogramme.

In den Niederlanden wurde der problemorientierte Unterricht zum erstenmal im Jahr 1974 an der medizinischen Fakultät der Universität Maastricht angewandt. Auch die anderen Unterrichtsprogramme an dieser Hochschule (Jura, Volkswirtschaft, Psychologie, Kulturwissenschaft, Pflege- und Gesundheitswissenschaft) nutzen diese Unterrichtsmethode. An anderen niederländischen Universitäten und Fachhochschulen wird der problemorientierte Unterricht immer häufiger in verschiedenen Bereichen (z. B. Technik, Wirtschaft, Gesundheitsversorgung und Lehrerausbildung) angewandt.

Howard Barrows, einer der Begründer dieser Methode, nennt drei wichtige Ziele, die mit ihr erreicht werden:

1. Der Student erwirbt brauchbares Wissen und macht sich dieses zu Eigen.
2. Der Student lernt, wie man lernt („self-directed learning").
3. Der Student lernt, Probleme zu analysieren und zu lösen.

Diese Vorteile kommen jedoch nur zum Tragen, wenn der Lernende aktiv mitarbeitet, wenn er den Ursachen von Problemen wirklich auf den Grund geht, wenn er seine bereits vorhandenen Kenntnisse nutzt und durch zielgerichtetes Lernen neues Wissen und neue Fertigkeiten erwirbt. Es ist effektiver, mit einer bestimmten Fragestellung als Ausgangspunkt zu lernen (d. h. Wissen zu erwerben, zu speichern und abzurufen), als sich Informationen allein durch die Lektüre von Lehrbüchern zu verschaffen.

Der problemorientierte Unterricht geht davon aus, daß ein Mensch selbständig lernen kann, ohne daß ein Dozent ihm ständig Anweisungen gibt. Das bedeutet natürlich auch mehr Verantwortung: Er muß häufiger als sonst sein Studienmaterial selbst suchen, selbst entscheiden (lernen), was wichtig ist oder nicht, selbst ein Studienprogramm zusammenstellen, selbst Kommilitonen oder Dozenten fragen, wenn ihm etwas unklar ist, und anderen selbst erklären, was er gelernt hat.

Natürlich tragen auch die Dozenten Verantwortung. Sie müssen die Themen aussuchen, die den Studenten auf geeignete Weise in die verschiedenen Fachgebiete einführen; sie müssen dafür sorgen, daß der Lernstoff verständlich und der Zusammenhang zwischen den einzelnen Fachgebieten deutlich wird. In der Unterrichtsgruppe helfen sie Menschen, die an Aufgaben arbeiten. Außerdem sind sie verpflichtet, den Lernerfolg zu überprüfen.

1.2   Lernen voneinander und miteinander

Beim problemorientierten Unterricht muß der Lernende nicht nur oft selbständig arbeiten, sondern auch oft mit anderen zusammenarbeiten: Der *interaktive* Aspekt des Lernens ist wichtig. Die Mitglieder der Unterrichtsgruppe können zusätzliche Informationen geben, neue Ideen einbringen, um die beschriebenen Phänomene zu erklären, und auf Lernmaterial hinweisen, das die anderen übersehen haben. Da es sich um eine gemischte Gruppe handelt, was Vorbildung, Geschlecht, Alter, Lebenserfahrung und gesellschaftliche Einsichten angeht, können aufgeschlossene Teilnehmer viel voneinander lernen. Das bedeutet allerdings nicht, daß sie stets einer Meinung sein müssen. In der Gruppe kommt es immer wieder zu unterschiedlichen Meinungen: Ein Mitglied hat eine andere Erklärung für ein bestimmtes Phänomen als die anderen oder meint, bestimmte Informationen sollten anders interpretiert werden. Solche unterschiedlichen Auffassungen können sehr fruchtbar sein; denn wer seine Ansicht erklärt oder Fragen stellt oder Informationen zusammenfaßt, beschäftigt sich mit dem Lernstoff und erweitert sein Wissen. Außerdem kann er seine Meinung einordnen, indem er sie mit anderen Auffassungen vergleicht.

In einer Unterrichtsgruppe miteinander und voneinander zu lernen, setzt die Bereitschaft aller Mitglieder zu aktiver Zusammenarbeit voraus. Eine Gruppe hat nur dann Erfolg, wenn jedes Mitglied bereit ist, einen Beitrag zu leisten. Wenn die Mitglieder zwar nehmen, aber nicht geben wollen, hat die Gruppe ihren Zweck verfehlt. Wichtig sind auch Toleranz gegenüber abweichenden Meinungen und Einvernehmen über gewisse „Spielregeln". Darauf kommen wir in den folgenden Kapiteln noch zurück.

I.3   Fertigkeiten im problemorientierten Unterricht

Wer erfolgreich in einem problemorientierten Unterrichtssystem studieren möchte, braucht bestimmte Fertigkeiten. Zwischen Gymnasien und Hochschulen bestehen allerdings große Unterschiede. Für letztere gilt:

- Der Unterrichtsstoff ist umfangreicher.
- Der Stoff hat häufig ein höheres Niveau.
- Der Lernstoff wird in den Niederlanden oft in einer Fremdsprache angeboten.
- Der Lernstoff ist umfangreicher als der im Unterricht behandelte Stoff.
- Es wird seltener überprüft, ob der Lernstoff verstanden wurde.
- Eigeninitiative ist wichtiger.

Für den problemorientierten Unterricht gilt außerdem:

- Der Stoff wird nicht nach Fachgebieten oder Lehrbüchern geordnet, sondern hat multidisziplinären Charakter.
- Die Eigeninitiative der Lernenden ist noch wichtiger: Sie müssen selbst Probleme analysieren, Lernziele formulieren und Literatur suchen.
- Die Studenten müssen miteinander in einer Unterrichtsgruppe zusammenarbeiten.

In diesem Buch befassen wir uns mit drei Arten von Fertigkeiten, die im problemorientierten Unterricht von Bedeutung sind:

1. Fertigkeiten beim methodischen Arbeiten an Aufgaben und Problemen.
2. Fertigkeiten, die für eine erfolgreiche Arbeit in der Unterrichtsgruppe notwendig sind.
3. Fertigkeiten, die für das individuelle Studium notwendig sind.

In Kapitel 2 steht die Arbeit in der Unterrichtsgruppe im Mittelpunkt. Wir gehen auf die Kommunikation und auf die verschiedenen Rollen in der Gruppe ein, vor allem auf die Rolle des Gesprächsleiters, des Protokollführers und des Tutors. In Kapitel 3 befassen wir uns eingehender mit dem aufgabenorientierten Arbeiten in der Unterrichtsgruppe und erläutern die Strategien, die man anwenden kann, um bestimmte Probleme zu lösen. In Kapitel 4 besprechen wir einige Fertigkeiten, die der Student benötigt, um mit Erfolg in einer Unterrichtsgruppe arbeiten zu können. Unter anderem geht es darum, wie man Informationen sammelt, zusammenfaßt und weitergibt und welche Aufgaben der Gesprächsleiter hat. In Kapitel 5 besprechen wir die Fertigkeiten, die für das individuelle Studium erforderlich sind. Der Schwerpunkt liegt dabei auf Aktivitäten, die für den problemorientierten Unterricht wichtig sind, zum Beispiel: Wie findet und verwertet man Literatur? Wie erstellt man eine Dokumentation?

2 Arbeiten in der Unterrichtsgruppe

2.1 Was ist eine Unterrichtsgruppe?

Im problemorientierten Unterricht ist die Arbeit in Unterrichtsgruppen von zentraler Bedeutung. In der sozialpsychologischen Literatur wird eine Gruppe als eine Versammlung von Menschen definiert, die einander beeinflussen, indem sie unmittelbar miteinander in Kontakt treten und kommunizieren und an einer gemeinsamen Aufgabe arbeiten. Wir sprechen von einer Unterrichtsgruppe, wenn diese Aufgabe darin besteht, im Rahmen einer Ausbildung „etwas zu lernen".

Eine Unterrichtsgruppe unterscheidet sich von einer Klasse, einem Seminar oder einer Vorlesung dadurch, daß die Lernenden untereinander und mit dem Dozenten Ideen und Wissen austauschen. In einer Klasse oder einer Vorlesung verläuft die Kommunikation dagegen hauptsächlich vom Lehrer zu den Studenten oder Schülern, die untereinander selten Ideen austauschen. Weil der Wissens- und Ideenaustausch so wichtig ist, kann eine Unterrichtsgruppe nur eine bestimmte Anzahl von Mitgliedern haben. In Gruppen von mehr als zehn Mitgliedern hat der einzelne Teilnehmer nur begrenzte Möglichkeiten, einen aktiven Beitrag zu leisten. Damit eine Unterrichtsgruppe erfolgreich arbeiten kann, müssen die Teilnehmer zwei Aspekte beachten: wie sie miteinander umgehen und wie sie an ihren Aufgaben arbeiten.

2.2 Warum Unterricht in Kleingruppen?

Der Unterricht in kleinen Gruppen ist aus mehreren Gründen wichtig. Zunächst einmal bietet die Unterrichtsgruppe ein günstiges Umfeld, in dem man *lernen kann, Probleme zu analysieren*. Wir wissen zwar nicht genau, wie

Menschen Probleme lösen; aber wir wissen, daß man es lernen kann. Wer gelernt hat, bestimmte Probleme zu analysieren, kann ähnliche Probleme besser oder schneller lösen. Folgende wichtige Fertigkeiten müssen vermittelt werden:

- Das Aufteilen von Problemen in Teilprobleme.
- Das Formulieren von Ideen, die das Problem verständlicher machen.
- Das Aktivieren von bereits vorhandenem Wissen.
- Die kritische Überprüfung der Arbeitsweise, für die man sich entschieden hat.

Bei diesen Fertigkeiten ist es immer wichtig, Fragen zu stellen. In einer Unterrichtsgruppe kann man selbst Fragen stellen, aber auch von den Fragen anderer lernen. In der Kleingruppe können die Mitglieder einander gut ergänzen.

Die Arbeit in der Unterrichtsgruppe kann positiven Einfluß auf die *Motivation* zum Lernen haben. Ein auf den ersten Blick langweiliges Thema kann plötzlich interessante Aspekte aufweisen, wenn man andere darüber sprechen hört, und ein scheinbar rein theoretisches Problem gewinnt möglicherweise praktische Bedeutung, wenn man in der Gruppe darüber diskutiert. Es spornt an, wenn der eigene Beitrag gewürdigt wird, und der Gedanke, nicht allein zu stehen, sondern Schwierigkeiten mit anderen teilen zu können, hilft über manche Zweifel an der Wahl des Studienfachs hinweg.

In einer Unterrichtsgruppe können die Mitglieder besser erkennen, ob sie sich in ihrem Studium genügend anstrengen. Diese informelle *Arbeitskontrolle* hat meist mehr Wirkung als Prüfungen oder Zwischenprüfungen.

Ein wichtiges Argument für die Arbeit in Unterrichtsgruppen ist das Training der *kommunikativen Fertigkeiten*. In der Gruppe werden Sie aufgefordert, Fragen zu stellen, zu berichten, was Sie gelernt haben, oder einen komplizierten Abschnitt des Lernstoffs zu erläutern. Das sind wichtige Fertigkeiten für das spätere Berufsleben. Die Unterrichtsgruppe bietet hervorragende Möglichkeiten, diese Fertigkeiten häufig zu üben und praktisch anzuwenden. Darüber hinaus besteht die Chance zu lernen, wie man mit anderen zusammenarbeitet. Im allgemeinen legen Schulen großen Wert auf Selbständigkeit. Das ist kein Fehler, wenn man bedenkt, daß es Individuen sind, die Fertigkeiten und Wissen erwerben sollen. In der beruflichen Praxis müssen wir jedoch oft *mit anderen zusammenarbeiten*. Einige grundlegende Fertigkeiten – zum Beispiel Aufgaben zu verteilen, effektive Gruppensitzungen abzuhalten und gemeinsam eine Aufgabe zu bewältigen – werden in einer Unterrichtsgruppe ständig geübt und praktisch angewandt.

Das Arbeiten in einer Unterrichtsgruppe bietet zudem Gelegenheit, etwas darüber zu lernen, *wie man selbst und wie andere in einer Gruppe funktionieren*. Die Mitglieder können herausfinden, wie die anderen auf ihre Beiträge reagieren und wie sie auf andere reagieren. Die Diskussion über die Fortschritte der Gruppe und die Probleme, die dabei auftreten, kann die Einsicht in solche Zusammenhänge vertiefen.

2.3 Einige elementare Aspekte der Kommunikation

In Unterrichtsgruppen wird viel diskutiert: Gruppenmitglieder machen Vorschläge und äußern Ideen, Beschlüsse werden gefaßt. Informationen werden oft in der Hoffnung gegeben, daß die anderen Teilnehmer dadurch motiviert werden, ihr Wissen zu erweitern oder Fehler zu korrigieren. Ein großer Teil dieser Informationen wird jedoch nur teilweise oder verstümmelt aufgenommen. Und längst nicht alle Informationen werden verbal übermittelt. In diesem Abschnitt befassen wir uns mit einigen grundlegenden Kennzeichen der Kommunikation, die in jeder Unterrichtsgruppe erkennbar sind und die wichtig sind, wenn es gilt, die Arbeit in der Gruppe zu bewerten und zu verbessern.

Wir können Kommunikation als Austausch von Symbolen und Bedeutungen auffassen. Dieser Austausch verfolgt neben der Informationsübermittlung auch das Ziel, andere zu beeinflussen und ist überdies mit Gefühlen behaftet. Menschen sprechen nicht nur, um zu kommunizieren, sondern benutzen dafür auch Gesten, den Gesichtsausdruck, den Tonfall und die Körpersprache. Oft wird uns erst deutlich, was der andere sagen will, wenn wir neben der verbalen Kommunikation auch auf die nonverbale achten. Obwohl viele Menschen die Arbeit in einer Unterrichtsgruppe als rein sachliche, zielgerichtete Beschäftigung ansehen, trifft dies in der Praxis selten zu. Die Zusammenarbeit schafft immer und unvermeidlich eine *soziale Situation*, in der bestimmte Erwartungen und Gefühle der Gruppenmitglieder eine Rolle spielen. Die Mitglieder befinden sich immer als ganze Person in der sozialen Situation und erfahren dabei Spannungen, Freude, Ärger oder Langeweile. In einer Unterrichtsgruppe werden also nicht nur die gemeinsamen Aufgaben besprochen – es geschieht viel mehr. Es muß auch geregelt werden, wie die Teilnehmer miteinander umgehen. Die Kommunikation in einer Unterrichtsgruppe hat daher Einfluß auf zwei Aspekte:

1. Auf das Besprechen der gemeinsamen Aufgaben. Die Beiträge der Gruppenmitglieder auf diesem Gebiet nennen wir *aufgabenorientierte Kommunikation*. Diese aufgabenorientierten Beiträge helfen, das Problem zu analysieren und zu verstehen, zum Beispiel: Fakten sammeln, seine Meinung äußern, Lösungsvorschläge machen, die Ausführungen eines anderen verdeutlichen und die Diskussion zusammenfassen.

2. Auf den Umgang der Gruppenmitglieder miteinander. Die Beiträge der Mitglieder auf diesem Gebiet stellen die *gruppenorientierte Kommunikation* dar. Das ist selbstverständlich kein einmaliges Ereignis während der ersten Zusammenkunft. Die anfänglichen Absprachen werden vielmehr regelmäßig direkt oder indirekt bestätigt, geändert oder neu formuliert. Beispiele dafür sind: den Mitgliedern Gelegenheit geben, sich zu äußern; jemanden ermutigen, seine Meinung näher zu erläutern; die Reaktionen der Teilnehmer auf bestimmte Vorschläge beschreiben und Kritik an der Mitarbeit anderer zu üben. Gruppenorientierte Kommunikation regelt die Beziehungen zwischen den Mitgliedern und bestimmt, welchen Einfluß jedes Mitglied hat.

Das bedeutet jedoch nicht, daß wir stets klar zwischen gruppen- und aufgabenorientierten Beiträgen unterscheiden können. Ein Beitrag kann beides zugleich sein. Wenn ein Gruppenmitglied beispielsweise sagt: „Ich habe überhaupt keinen Zweifel daran, daß diese Theorie sehr wichtig ist, um das Problem besser zu verstehen", so ist diese Bemerkung einerseits aufgabenorientiert – denn der Lernende äußert seine Meinung darüber, wie die Gruppe sich entscheiden sollte –, andererseits können Intonation und Gestik den Wunsch verdeutlichen, Einfluß auf die Prioritäten zu nehmen, welche die Gruppe bei der Arbeit setzen muß. Oft verfolgen Gruppenmitglieder mit ihren Beiträgen also ein doppeltes Ziel: Sie wollen sowohl die aufgabenorientierte als auch die gruppenorientierte Kommunikation beeinflussen. Die gruppenorientierte Kommunikation kommt häufig indirekt und beiläufig zum Ausdruck, vor allem wenn etwas Unangenehmes angesprochen werden muß. Ein Gruppenmitglied wird kaum sagen: „Ich will, daß getan wird, was ich für richtig halte" oder: „Du hast mir widersprochen – das zahle ich dir demnächst heim!" Die Mitglieder neigen eher dazu, ihre Meinung auf subtile, humorvolle, ironische oder sarkastische Weise auszudrücken.

Nonverbale Kommunikation kann das Verhalten anderer stark beeinflussen. Wenn zum Beispiel jemand dauernd an die Decke starrt, während ein anderer darüber berichtet, was er gelernt hat, dann hat dies eine Wirkung auf den Vortragenden: Er deutet das Verhalten des Teilnehmers vielleicht als Desinteresse, wird unsicher und kann seine Meinung nicht mehr überzeugend äußern. Diese Interpretation kann übrigens völlig falsch sein – möglicherweise kann der andere sich besser konzentrieren, wenn er einen bestimmten Punkt anstarrt.

Kasten 1 enthält eine Liste mit überwiegend nonverbalen Verhaltensweisen. Es ist eine gute Übung, zu erforschen, welche Motive diesen Verhaltensweisen zugrunde liegen und welche Wirkung sie wahrscheinlich auf andere haben.

- sich zurücklehnen und minutenlang an die Decke starren
- lange gähnen
- lächeln
- mit dem Bleistift auf den Tisch klopfen
- in seinen Aufzeichnungen lesen
- langsam den Kopf schütteln
- aus dem Fenster schauen
- die Schultern heben
- mit dem Kopf nicken, „hm, hm" sagen
- tief seufzen
- die Stimme erheben

Wenn Sie diese Übung machen, werden Sie feststellen, daß es oft schwieriger ist, das Motiv einer Verhaltensweise mit einiger Sicherheit zu bestimmen, als anzugeben, wie sie auf andere wirkt. Eine gewisse Vorsicht bei der Interpretation nonverbaler Signale ist daher geboten. Menschen drücken Gefühle und Wünsche auf sehr unterschiedliche Weise aus. Wir können aber sagen, daß das Verhalten oft mehrdeutig ist, was seine Motive angeht, aber meist eindeutig, was seine Wirkung auf andere betrifft.

2.4 Rollen in der Unterrichtsgruppe

Die Mitglieder einer Unterrichtsgruppe bemühen sich, durch aufgabenorientiertes und kooperatives Arbeiten, bestimmte Probleme zu lösen. Wie das geschieht, hängt von den einzelnen Individuen ab, die sich oft in vieler Hinsicht voneinander unterscheiden. Einige dieser Aspekte sind:
- Persönlichkeitsmerkmale
- Vorkenntnisse, Ausbildung
- Alter
- Erfahrung mit der Arbeit in Gruppen und entsprechende Fertigkeiten
- Interesse an der Arbeit in Unterrichtsgruppen

Wir haben bereits darüber gesprochen, welche Folgen das ungewöhnliche Verhalten in der Gruppe haben kann. Nun wollen wir uns mit *Verhaltensmustern* beschäftigen, also mit Verhaltensweisen, die miteinander zusammenhängen. Wenn Gruppenmitglieder zu einem bestimmten Verhaltensmuster neigen, übernehmen sie eine *informelle Rolle*.

Solche Verhaltensmuster können auf die Gruppe einen großen Einfluß haben. Um dies zu verdeutlichen, beschreiben wir nachfolgend einige Verhaltensmuster, die in einer Gruppe vorkommen können. Es handelt sich nicht um Persönlichkeits- oder Charakterskizzen, denn eine Person kann zu verschiedenen Zeiten verschiedene Rollen übernehmen.

Die Wahl der Rolle hängt nicht nur mit den persönlichen Motiven und Eigenschaften zusammen, sondern auch mit der Aufgabe, an der die Gruppe arbeitet, und mit den Rollen der anderen Mitglieder.

2.4.1   Der Ordner

Sein Hauptanliegen ist, daß die Gruppe etwas liest. Er bietet sich – auch ungefragt – als Gesprächsleiter an. Wenn die Gruppe in Verwirrung zu geraten droht, versteht er es, die einzelnen Beiträge auf eine Linie zu bringen, so daß das Gespräch in geordneten Bahnen verläuft. Er macht Lösungsvorschläge, wenn Probleme auftauchen.

2.4.2   Der Vermittler

Dem Vermittler ist ein gutes Verhältnis zwischen den Gruppenmitgliedern sehr wichtig. Er setzt sich für ein angenehmes Arbeitsklima ein, indem er vermittelt, wenn es in der Gruppe zu Rivalitäten oder Meinungsverschiedenheiten kommt.

2.4.3   Der Vielredner

Er hat zu allem eine Meinung und findet diese so wichtig, daß er sie selbst dann äußert, wenn niemand daran interessiert ist. Wenn andere etwas sagen, nutzt er jede Atempause, um selbst wieder das Wort zu ergreifen. Er zeichnet sich weniger durch Sachkenntnis als durch sein unstillbares Mundwerk aus.

2.4.4   Der Spaßvogel

Er hat immer eine witzige Bemerkung auf Lager, mit der er das Klima in der Gruppe auflockert. Da er jedoch auch Witze macht, wenn eine ernste Diskussion im Gange ist, verzögert er manchmal auch Fortschritte.

2.4.5 Der Kritikaster

Er betrachtet es als seine Pflicht, die Beiträge anderer anzugreifen und zu widerlegen. Er ist fast nie mit einer Idee einverstanden und läßt sich das deutlich anmerken. Sein Wissen benutzt er vor allem dafür, Fragen zu stellen, und er ist zufrieden, wenn der Angesprochene nicht antworten kann. Er schüttelt häufig den Kopf oder macht ein gleichgültiges Gesicht.

2.4.6 Der Tiefschürfende

Er findet, daß die Gruppe bestimmte Probleme zu leicht nimmt, und möchte alles gründlich untersuchen. Mit einer einzigen Aufgabe beschäftigt er sich vier Wochen lang hingebungsvoll. Er ist fleißig und besitzt große Sachkenntnis. Die anderen fragen ihn, wenn sie etwas nicht verstanden haben.

2.4.7 Der Nörgler

Er hat immer das Gefühl, daß etwas nicht in Ordnung ist. Wenn andere einen guten Eindruck haben, läßt er sich in quengeligem Ton über Schwachpunkte aus. Wenn er sonst nichts auszusetzen hat, beklagt er sich über das Wetter, über das offene Fenster oder über das Verhalten anderer.

Wenn jemand häufig in eine informelle Rolle schlüpft, besteht die Gefahr, daß die anderen sie von ihm erwarten und sein Verhalten mit bestimmten (negativen) Eigenschaften verknüpfen. Das kann zu Mißverständnissen und Starrsinn führen, die dem Arbeitsklima schaden. Darum ist es wichtig, daß die Mitglieder einer Gruppe sich ihrer Verhaltensmuster bewußt sind und sich um eine konstruktive Rolle in der Gruppe bemühen. Sie sollten wissen, was andere von ihnen halten und ob zwischen ihren Absichten und der tatsächlichen Wirkung ihres Verhaltens ein Widerspruch besteht. Darauf kommen wir in Kapitel 4 zurück.

Neben solchen informellen Rollen gibt es in der Unterrichtsgruppe auch *formelle Rollen*, deren Aufgabe es ist, für eine effektivere Arbeit in der Gruppe zu sorgen. Wir gehen im Folgenden auf die Rolle des Gesprächsleiters, des Protokollführers und des Tutors ein.

2.5 Der Gesprächsleiter

Wenn die Unterrichtsgruppe zusammenkommt, übernimmt ein Student die Aufgabe, das Gespräch in eine gute Bahn zu lenken. Pro Unterrichtsblock ist jeder Student ein- oder zweimal Gesprächsleiter.

Die wichtigste Aufgabe des Gesprächsleiters besteht darin, für Fortschritte bei der Arbeit der Gruppe zu sorgen. Er legt die Tagesordnung fest, prüft, ob Absprachen eingehalten wurden, leitet die zu besprechenden Themen kurz ein und achtet auf die Zeit. Er gibt jedem Gruppenmitglied Gelegenheit zu einem Diskussionsbeitrag, indem er ihm das Wort erteilt. Er strukturiert das Gespräch durch regelmäßige Zusammenfassungen und sorgt dafür, daß die festgelegten Themen wirklich behandelt werden. Wenn jemand vom Thema abschweift, greift er ein.

Der Gesprächsleiter hat also in der Unterrichtsgruppe zwei Arten von Funktionen:

1. *Aufgabenorientierte* Funktionen. Das sind Aktivitäten, die auf den Inhalt der im Reader festgelegten Aufgaben und auf die Arbeitsstrategie abzielen.
2. *Gruppenorientierte* Funktionen. Das sind Maßnahmen, die das Arbeitsklima verbessern.

Ein guter Gesprächsleiter ist vor allem daran interessiert, wie die Gruppe an ihre Aufgaben herangeht. Es ist daher am besten, wenn er sich nicht so oft mit inhaltlichen Beiträgen an der Diskussion beteiligt. Wenn er es dennoch tut, bleibt unserer Erfahrung nach von seiner eigentlichen Aufgabe wenig oder nichts mehr übrig. In Kapitel 4 gehen wir auf die Funktion des Gesprächsleiters noch einmal ausführlich ein.

2.6   Der Protokollführer

Während der Gruppensitzung macht jeder Teilnehmer selbst Notizen über das, was besprochen und beschlossen wurde, zum Beispiel hinsichtlich der Lernziele. Ohne diese Aufzeichnungen ist es schwierig, sich daran zu erinnern, was man zwischen den Zusammenkünften der Gruppe unternehmen soll. Dennoch braucht die Gruppe auch einen Protokollführer. Während der Arbeit an einer Aufgabe ist es nämlich hilfreich, Informationen festzuhalten und der ganzen Gruppe zugänglich zu machen. Darum schreibt der Protokollführer wichtige Gesichtspunkte an eine Tafel, etwa Lösungsvorschläge für ein Problem, das Schema eines Prozesses, ein Organisationsschema oder Lernziele. Dadurch sorgt der Protokollführer dafür, daß Beiträge nicht unter den Tisch gekehrt werden und daß ein Rahmen festgelegt wird, in dem die Gruppe effektiv an einem Problem weiterarbeiten kann. In manchen Unterrichtsprogrammen wird von den Studenten ein kurzer Bericht über die Diskussion in der Gruppe verlangt; der Protokollführer liefert diesen Bericht. In der Praxis hat es sich als nützlich erwiesen, dem Protokollführer beim nächsten Treffen die Rolle des Gesprächsleiters zu übertragen; denn er hat ja genau festgehalten, welche Absprachen getroffen wurden. In Kapitel 4 gehen wir darauf noch einmal ein.

2.7   Der Tutor

Zur Unterrichtsgruppe gehört neben den Studenten auch ein Dozent, der die Rolle des Tutors übernimmt. Er hat die Aufgabe, den Lernprozeß und die Zusammenarbeit der Studenten zu fördern. Das heißt nicht, daß er ihnen ganz genau sagt, was sie zu tun haben und wie sie es tun sollen; er beobachtet vielmehr ihre Aktivitäten, stellt Fragen und zeigt ihnen, wie eine Unterrichtsgruppe besser arbeiten kann.

Der Tutor ist vor allem ein *Förderer des Lernprozesses*. In geeigneten Momenten regt er die Gruppe an, tiefer in den Stoff einzudringen. Er kann beispielsweise Fragen stellen, um die Diskussion über ein Thema in die richtige Richtung zu steuern; er kann erläutern, welche Fragen in welcher Reihenfolge bei bestimmten Problemen nützlich sind; und er kann Beispiele aus der Praxis anführen, Vergleiche mit ähnlichen Situationen anstellen oder Literatur empfehlen.

Wichtig ist, daß inhaltliche Beiträge des Tutors dem Lernprozeß der Gruppenmitglieder dienen. Darum muß er versuchen, sich in den Begriffsrahmen der Lernenden einzuleben, und sie ermutigen, sich selbst die Fragen zu stellen, die ein Fachkundiger sich stellen würde. Wenn Studenten zum erstenmal mit neuen Themen aus einem bestimmten Fachgebiet konfrontiert werden, haben sie damit Schwierigkeiten. Der Tutor kann ihnen helfen, indem er auf Mißverständnisse, unausgereifte Vorstellungen und Irrtümer aufmerksam macht und Anregungen gibt, die es den Studenten ermöglichen, neues Wissen zu erwerben und zu verarbeiten. Es kommt auch vor, daß eine Gruppe in ihren Bemühungen hoffnungslos festgefahren ist und eine (kurze) Erläuterung ihr weiterhilft. Wenn der Tutor mit dem Thema völlig vertraut ist, kann er die notwendigen Informationen geben. Er sollte sich dabei auf allgemeine Hinweise beschränken und die Studenten stets ermuntern, sich den Lernstoff aus eigener Kraft zu erarbeiten. Der Tutor stimuliert den Lernprozeß auch dadurch, daß er mit der Gruppe bespricht, was sie gelernt hat, nachdem sie sich den Stoff, mit dem ein bestimmtes Problem zusammenhängt, angeeignet hat.

Außerdem hat der Tutor die Aufgabe, die *Zusammenarbeit* in der Unterrichtsgruppe zu fördern. Das bedeutet, daß er die organisatorischen Voraussetzungen für ein effektives gemeinsames Arbeiten an einem Problem im Auge behält. Er stellt sich also folgende Fragen:

■ Wie gut beteiligen sich die Gruppenmitglieder?
■ Wird methodisch gearbeitet?

- Kann jeder an der Diskussion teilnehmen?
- Wie erfüllt der Gesprächsleiter seine Rolle?
- Machen ihm die anderen Mitglieder die Gesprächsleitung leicht oder schwer?

Auf diese Weise ist der Tutor eine Art Auffangnetz, was die Aufgaben des Gesprächsleiters angeht. Wenn er vorab klare Absprachen mit den Teilnehmern trifft und regelmäßig prüft, wie die Gruppe inhaltlich und organisatorisch zusammenarbeitet, kann er den Teilnehmern helfen, in der Gruppe optimal zu arbeiten.

Dozenten können ihre Rolle in einer Unterrichtsgruppe auf verschiedene Weise erfüllen. Entscheidend sind die Persönlichkeitsmerkmale des Tutors, seine Erwartungen an den Unterrichtsblock, in dem er aktiv ist, seine Ansichten über das Lernen und Lehren, seine Erfahrungen mit dem problemorientierten Unterricht und seine Ansichten darüber, was ein guter Lehrer wissen und können muß.

Tutoren sind nicht immer Fachleute für alle Themen, die in einem Unterrichtsblock behandelt werden. Auch das kann ihre Funktion in der Unterrichtsgruppe beeinflussen. Und schließlich wird ein Tutor seinerseits von der Arbeitsweise der Unterrichtsgruppe beeinflußt.

Als Lernender haben Sie mit mehreren Tutoren zu tun. Der eine legt vielleicht größeren Wert auf den Gruppenprozeß als der andere. Manche Tutoren ermuntern die Studenten nachdrücklicher als andere dazu, sich den Lernstoff gründlich zu erarbeiten. Und natürlich sind einige Tutoren beliebter als andere.

Mit jedem neuen Unterrichtsblock beggnen Sie nicht nur einer neuen Unterrichtsgruppe, sondern auch einem neuen Tutor. Alle sollten sich dessen bewußt sein, daß die einzelnen Mitglieder unterschiedliche Erfahrungen mit Tutoren gemacht haben und daß sie daher auch unterschiedliche Erwartungen hegen.

Ein Mitglied der Gruppe ist vielleicht an einen Tutor gewöhnt, der Fakten hören möchte; ein anderer Student hatte einen Tutor, der ziemlich schnell eingriff, wenn eine Schwierigkeit auftrat; und ein drittes Mitglied hat mit einem Tutor gearbeitet, der inhaltlich nichts beitragen wollte. Es dauert einige Zeit, bis man sich an den neuen Tutor und seine Auffassung vom Lernen in der Unterrichtsgruppe gewöhnt hat.

Den „idealen" Tutor gibt es nicht: Er ist und bleibt ein Mensch. Dennoch wollen wir am Ende dieses Kapitels kurz einen Tutor beschreiben, der unserer Meinung nach für den problemorientierten Unterricht am besten geeignet ist. Dieser Tutor hält es für wichtig, daß die Teilnehmer so selbständig wie möglich lernen. Er sieht seine Hauptaufgabe nicht darin, Informationen zu liefern. Er zwingt dem anderen nicht sein Wissen über ein Fachgebiet auf und legt nicht seine eigenen Maßstäbe an, sondern hilft den Lernenden, ihren eigenen Weg zu finden. Er nutzt seine Fachkenntnisse, um zuzuhören, Fragen zu stellen und Anregungen zu geben. Er stützt sich auf das, was die Menschen bereits wissen und ermuntert sie, Hindernisse zu überwinden. Er ermutigt sie, Ideen, Erklärungen und Hypothesen zu formulieren. Er fragt immer wieder nach Argumenten und Beispielen. Er prüft, was die Studenten gelernt und verstanden haben. Er sorgt dafür, daß die Mitglieder aktiv an den Themen arbeiten, die im Unterrichtsblock am wichtigsten sind.

Er fördert die Zusammenarbeit in der Gruppe und das methodische Arbeiten und sieht darin ein Mittel, das die Lernenden an die inhaltlichen Ziele bringt. Kennzeichnend für diesen Tutor ist, daß er seine Beiträge richtig dosieren kann.

3 Aufgabenorientiertes Arbeiten

3.1 Einleitung

In einer Unterrichtsgruppe sind die *Aufgaben* der Ausgangspunkt des Lernens. Dozenten haben einige Aufgaben zusammengestellt, die in der Gruppe analysiert und besprochen werden. Auf dieser Grundlage formulieren die Lernenden Lerninhalte, studieren bestimmte Literatur und berichten dann der Gruppe. Die Aufgaben bilden also den Kern des Readers. Ein *Reader* ist eine Art Kursbuch für die Lernaktivitäten während eines Unterrichtsblocks. Neben den Aufgaben enthält der Reader meist auch eine kurze Einführung in das Thema des Unterrichtsblocks, Stundenpläne für Praktika und Vorlesungen sowie Literaturempfehlungen. Die Aufgaben werden in Form von Situationsbeschreibungen, Fallbeispielen, Problemstellungen, Hinweisen für das Studium, Zitaten aus der Literatur und so weiter vorgestellt. Manchmal ist eine Anleitung beigefügt, wie man an die Aufgabe herangehen kann; aber in der Regel muß die Unterrichtsgruppe selbst entscheiden, wie sie vorgeht.

Systematisches Arbeiten ist für das Studium von grundlegender Bedeutung. Die Gruppenmitglieder müssen sich bemühen, ihre Aktivitäten zu strukturieren, indem sie gezielt auf ein bestimmtes *Ergebnis* hinarbeiten. Mit „Ergebnis" meinen wir hier nicht so sehr die Auflösung eines Problems, das in der Aufgabenbeschreibung vorkommt, sondern eher den Erwerb von Wissen und Einsicht auf dem Gebiet, das die Unterrichtsgruppe mit Hilfe der Anknüpfungspunkte in der Aufgabenbeschreibung unter die Lupe nimmt. Die Arbeit an Aufgaben muß zu besserem Verständnis und neuem Wissen führen.

Es gibt jedoch verschiedene Arten von Aufgaben, die jeweils ein anderes Herangehen verlangen. In diesem Kapitel besprechen wir, wie die Aufgaben aussehen und welche Arbeitsstrategien dafür geeignet sind. Wir behandeln der

Reihe nach das *Problem*, die *Diskussionsaufgabe*, die *Strategieaufgabe*, die *Studienaufgabe* und die *Anwendungsaufgabe*.

3.2 Das Problem

Ein Problem, das speziell für den Unterricht konstruiert wird, besteht aus *einer mehr oder weniger neutralen Beschreibung einiger Phänomene oder Ereignisse, die miteinander in gewissem Zusammenhang stehen.* Wer mit dem Problem konfrontiert wird, erhält den Auftrag, die Phänomene zu analysieren und dabei von Theorien, Regeln und Prinzipien Gebrauch zu machen, die im betreffenden Fachgebiet wichtig sind.

Probleme können zu zahlreichen Themen formuliert werden, und sie können verschiedene Formen haben. Die Grundstruktur ist jedoch stets die gleiche: Es werden Phänomene oder Ereignisse beschrieben, für die man eine oder mehrere Erklärungen suchen muß. Um diesen Erklärungen und Konsequenzen auf die Spur zu kommen, muß die Gruppe entscheiden, welche Mechanismen, Prozesse oder Strukturen, Begriffe und Regeln möglicherweise relevant sind. Das Ziel besteht darin zu verstehen, wie die Phänomene miteinander zusammenhängen. Dieses Verständnis bildet den Kern der Fachkunde auf jedem Gebiet.

Problemaufgaben kann man auf verschiedene Weise darstellen. Man kann beispielsweise eine Situation beschreiben, eine Grafik oder ein Foto mit einer Aufgabe verbinden, ein Gespräch wörtlich wiedergeben oder aus einem Zeitungsartikel zitieren. Für manche Probleme sind ergänzende Informationen verfügbar, die man nutzen kann. Manchmal stehen diese Informationen auf besonderen Seiten im Reader, manchmal liefert der Tutor sie.

In den Kästen 2, 3, 4 und 5 finden Sie einige Beispiele für Probleme aus verschiedenen Fachgebieten.

Kasten 2
Beispiel für eine
pflegerische
Problemaufgabe

Pflegebedürftigkeit

Herr Schmid, ein 74jähriger Bergmann in Rente, ist zur Diagnostik und medikamentösen Einstellung einer Parkinsonschen Krankheit in der Klinik. Er leidet unter Tremor, hohem Muskeltonus, Gangunsicherheit und Verlangsamung, seine Sprache ist undeutlich. Herr Schmid ist geistig klar und macht sich Sorgen über seinen Zustand, außerdem ist er unzufrieden, daß es mit dem Rauchen schwierig ist und daß er den ganzen Tag im Schlafanzug verbringt. Er kann nicht mehr „Schritt halten" und paßt sich allmählich an den Umstand an, daß seine Ehefrau für ihn spricht und viele kleine Tätigkeiten, wie z. B. Essen mundgerecht hinstellen, übernimmt. In der Klinik wird sogar die Körperpflege von den Pflegenden übernommen. Da Herr Schmid schon zu Hause Probleme mit dem Wasserlassen hatte und im Hospital beim WC-Gang gestürzt ist, hat er einen Dauerkatheter bekommen. Wegen der Katheterpflege erwägt Frau Schmid später einen ambulanten Pflegedienst kommen zu lassen. Welche Pflegeprobleme liegen bei Herrn Schmid vor?

Kasten 3
Beispiel für eine juristische Problemaufgabe

Liebeskummer

Karel und Ineke beschließen, nach einer kurzen und stürmischen Beziehung zu heiraten. Zuerst wollen sie sich jedoch verloben. An Heiligabend versprechen sie einander feierlich in Anwesenheit von Angehörigen und Freunden, bald zu heiraten.

Inekes wohlhabender Vater schenkt seiner Tochter zur Verlobung ein Baugrundstück im Wert von 100.000 Gulden. Ineke verfügt selbst über Geld und läßt auf dem Grundstück für 150.000 Gulden ein Haus mit mehreren Wohnungen bauen. Ihr geschäftstüchtiger Karel nutzt seinen Urlaub, die Wochenenden, die Abendstunden und einige Tage unbezahlten Urlaub, um weiter am Haus zu bauen. Die Kosten für das Baumaterial in Höhe von 25.000 Gulden bezahlt er selbst.

Das Haus ist noch nicht fertig, als Ineke die Verlobung auflöst. Einen Monat später heiratet sie Jan, einen Bekannten von Karel. Das Paar beschließt, nach Australien auszuwandern, und verkauft das Haus für 300.000 Gulden.

Später erfährt Karel, das Ineke sich heimlich mit Jan verlobt hat, während er, Karel, wochenlang am Haus arbeitete. Ineke ist für ihn verloren; aber wie sieht es mit dem Geld aus?

Kasten 4
Beispiel für eine medizinische Problemaufgabe

Transpiration

Es ist ein warmer Tag im August. Sie schleppen sich auf den Tennisplatz, weil Ihnen daran liegt, daß der Club Sie für die Bezirksmeisterschaften anmeldet. Nachdem Sie gegen die Nummer acht des Vereins mit 6:4, 6:4 und 6:0 gewonnen haben, gehen Sie duschen. Ihre Arm- und Beinmuskeln zittern. Sie haben einen feuerroten Kopf und ihr ganzer Körper ist mit Schweiß bedeckt. Wie sind diese Symptome zu erklären?

Kasten 5
Beispiel für eine betriebswirtschaftliche Problemaufgabe

Die Kneipen von Maastricht und der Markt

Obwohl die Inhaber der Maastrichter Cafés nach eigenen Angaben kaum unter ihrer Konkurrenz leiden, ist der Wettbewerb hart und die Fluktuation groß. Am Vrijthof liegen drei teure Cafés; aber ihre elegante Ausstattung macht offenbar vieles wett, wie das sommerliche Gedränge auf den Terrassen zeigt. In den übrigen bekannten Straßen sind die Preise oft viel niedriger; doch wer ein preiswertes Bier trinken will, geht meist in ein Café in einer kleinen Nebenstraße. In vielen Fällen scheint der Preis für das Bier höher zu sein als die Grenzkosten; doch das bedeutet nicht, daß jeder Betreiber Gewinne macht, nicht einmal am Vrijthof.

3.3 ## Arbeiten an Problemen in sieben Schritten

Probleme eignen sich gut für die Arbeit in der Unterrichtsgruppe, sofern man sie richtig angeht. Wenn eine Gruppe kein klares Konzept hat, geht viel Zeit verloren. Um das zu verhindern, haben wir eine Arbeitsmethode entwickelt, die wir der Kürze halber *Siebensprung* nennen. Diese sieben Schritte sind speziell auf die Arbeit mit Problemaufgaben abgestimmt.

Eine Unterrichtsgruppe muß diesen sieben Schritten folgen, um aus einem Problem möglichst viel zu lernen. Diese sieben Schritte sind in Abb. 3-1 dargestellt. Danach gehen wir auf jeden Schritt ein und erläutern ihn mit Hilfe von Beispielen (Kasten 6-3).

Abb. 3-1
Der Siebensprung

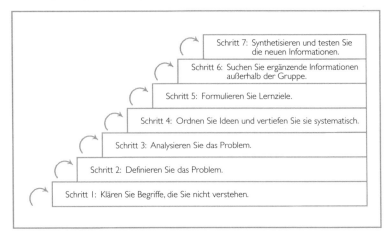

Schritt 7: Synthetisieren und testen Sie die neuen Informationen.

Schritt 6: Suchen Sie ergänzende Informationen außerhalb der Gruppe.

Schritt 5: Formulieren Sie Lernziele.

Schritt 4: Ordnen Sie Ideen und vertiefen Sie sie systematisch.

Schritt 3: Analysieren Sie das Problem.

Schritt 2: Definieren Sie das Problem.

Schritt 1: Klären Sie Begriffe, die Sie nicht verstehen.

Kasten 6
Beispiel für eine juristische Problemaufgabe

Die Schwestern des Gelöbnisses

Der Nonnenorden „Schwestern des gegebenen Wortes" ist Eigentümer eines großen Klosters in Beukenrade. Das Kloster steht schon einige Jahre leer und soll verkauft werden.

Eine Wohngemeinschaft von Künstlern hat Interesse an dem Komplex. Die Mitglieder wollen dort wohnen und arbeiten. Am 1. April 1996 bietet der Orden den Künstlern das Kloster für 825.000 Gulden zum Kauf an. Die Künstler finden den Preis angemessen, wollen aber erst überlegen, ob sie das Geld aufbringen können. Der Orden gibt ihnen Bedenkzeit bis zum 1. November 1996.

Am 15. August macht die Gemeinde Beukenrade dem Orden ein verlockendes Angebot: Sie will das Kloster im Rahmen des Bebauungsplans „Beukenrade Nord" für eine Million Gulden kaufen.

Daraufhin teilt der Orden den Künstlern am 19. August mit, er ziehe sein Angebot zurück. Die Künstler reagieren mit einem bösen Brief, in dem es heißt, sie hätten das Geld zusammen und wollten das Kloster kaufen. Dennoch verhandelt der Orden weiter mit der Gemeinde.

> Blut im Mund
>
> Ein Klempner kommt zum Arzt und sagt: „Als ich heute morgen hustete, hatte ich plötzlich Blut im Mund. Das ist in den letzten zwei Wochen öfter passiert, und ich mache mir deswegen Sorgen."

> Vom Schlag getroffen
>
> Frau Müller, eine 70jährige Pensionärin, erlitt vor 8 Wochen einen Schlaganfall mit Hemiplegie rechts. Trotz klinischer Frührehabilitationsmaßnahmen ist das Ergebnis in Bezug auf Selbständigkeit unbefriedigend, vor allem die Inkontinenz stört. Frau Müller lebte allein in einer großen Villa, sie hängt sehr an ihrem Besitz. Wenn die Pflegesituation nicht abgeklärt werden kann, muß Frau Müller in ein Seniorenwohnheim ziehen.

3.3.1   Schritt 1: Klären Sie Begriffe, die Sie nicht verstehen

Wenn Sie sich mit einem Problem beschäftigen, sollten Sie zuerst Ausdrücke und Begriffe im Text klären, damit jedes Gruppenmitglied versteht, worum es geht.

Die in diesem Buch formulierten Aufgaben sind ziemlich leicht zu verstehen. Die Situationen werden kurz und bündig beschrieben, ebenso die Geschichte und der Verlauf des Problems. Schwierige juristische, wirtschaftliche oder medizinische Ausdrücke kommen nicht vor. Je nach Studienfach dürften die vorgelegten Probleme wesentlich komplexer sein und mehr Fachausdrücke enthalten. Problemaufgaben umfassen dann nicht mehr einige Zeilen, sondern mitunter mehrere Seiten. In diesem Fall empfiehlt es sich, zunächst festzustellen, ob jedes Mitglied der Unterrichtsgruppe die in der Aufgabe verwendeten Begriffe und die beschriebene Situation verstanden hat. Meist helfen die Kenntnisse einiger Gruppenmitglieder und ein Wörterbuch weiter.

Zum ersten Schritt gehört auch das Einvernehmen über die Bedeutung bestimmter Begriffe in der Problembeschreibung. Die Interpretationen werden also miteinander abgestimmt. Im juristischen Fall muß beispielsweise klar sein, daß es um drei Parteien, um Zusagen und um Termine geht.

Außerdem kann es notwendig sein, daß die Gruppe sich über Fakten einigt, die in der Aufgabe nicht vorkommen, damit die Mitglieder den Fall nicht aus unterschiedlichen Blickwinkeln lösen.

Der erste Schritt des Siebensprungs kann somit drei Aktivitäten einschließen:

1. Die Gruppe sorgt dafür, daß jeder die in der Aufgabe vorkommenden Begriffe versteht.
2. Die Gruppe sorgt dafür, daß jeder die beschriebene Situation versteht.
3. Die Gruppe sorgt dafür, daß Einigkeit über Fakten besteht, die in der Aufgabe nicht erwähnt werden.

3.3.2   Schritt 2: Definieren Sie das Problem

Der zweite Schritt des Siebensprungs ist die präzise Definition des Problems. Die Gruppe muß sich darüber einig sein, welche miteinander zusammenhängenden Phänomene erklärt werden sollen.

Manchmal ist das Problem für jedes Gruppenmitglied leicht erkennbar. In diesem Fall können Sie gleich zu Schritt 3 übergehen. In manchen Aufgaben ist jedoch der Zusammenhang zwischen den beschriebenen Phänomenen nicht eindeutig, und es handelt sich möglicherweise um mehrere Teilprobleme. Bisweilen kann man das Problem unter verschiedenen Blickwinkeln betrachten, etwa vom Standpunkt verschiedener Fachgebiete oder Parteien aus. Dann ist es wichtig, die Fakten zu ordnen und sich darüber zu einigen. Die Problemdefinition steckt die Grenzen ab, innerhalb derer gedacht und gelernt wird.

Die Definition des Problems ist nicht immer einfach. Oft müssen die Fakten in den Kontext des Fachgebiets gebracht werden. Bei einem medizinischen Problem ist beispielsweise zu prüfen, welche Beschwerden und Symptome vorliegen; bei einem juristischen Problem kommt es darauf an, welche Rechtsverhältnisse zwischen den Parteien bestehen. Bei einem pflegerischen Problem ist zu überlegen, welche Auswirkungen es auf den Lebensalltag hat, wie der Betroffene damit umgeht und welche Hilfsmöglichkeiten es gibt. Manchmal ist es sinnvoll, die wichtigsten Begriffe des Problems schematisch darzustellen. Die Abbildung des Problems könnte dann so aussehen:

Abb. 3-2
Problemdarstellung

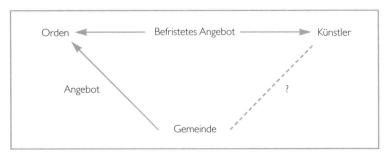

Manchmal verfügen Gruppenmitglieder nicht über den Wortschatz, der präzise angeben kann, „worum es eigentlich geht". Es kann auch sein, daß ein

Mitglied voller Überzeugung feststellt: „Hier liegt das Problem darin, daß eine Vereinbarung nicht eingehalten wurde" und dabei vielleicht übersieht, vor welchem Problem die Künstler stehen. Manchmal entdecken die Gruppenmitglieder so viele Probleme, daß sie vor lauter Bäumen den Wald nicht mehr sehen.

Das juristische Problem können wir beispielsweise so definieren: Darf jemand, der Verhandlungen über den Verkauf eines Grundstücks führt, Absprachen mißachten, weil er ein besseres Angebot erhalten hat? Natürlich kann man auch eine andere Frage stellen: Welche rechtlichen Möglichkeiten haben die Künstler, um zu verhindern, daß der Orden an die Gemeinde verkauft? Beide Formulierungen bieten hinreichende Anhaltspunkte, um das Problem genauer zu analysieren und zu verstehen.

3.3.3 Schritt 3: Analysieren Sie das Problem

Wenn Sie den Text einer Problemaufgabe lesen und versuchen, sich die beschriebene Situation möglichst lebhaft vorzustellen, kommen Ihnen rasch Ideen, die das Problem betreffen. Diese Ideen und Annahmen gründen auf dem Wissen, das Sie bereits haben, oder sie sind die Folge logischen Denkens.

Wenn die Gruppe das Problem analysiert, untersucht sie, was die einzelnen Mitglieder über die Prozesse und Mechanismen, die dem Problem zugrunde liegen, wissen oder zu wissen glauben. Dabei beschränkt die Gruppe sich nicht darauf, Fakten zu sammeln („Ich habe einmal gelesen, daß ..."), sondern versucht auch und vor allem, auf der Basis des gesunden Menschenverstandes mögliche Erklärungen zu formulieren („Könnte es nicht sein, daß ..."). Sehr wichtig ist, daß jedes Mitglied der Gruppe die Möglichkeit erhält, einen kurzen Beitrag zu liefern, bevor die geäußerten Ideen, Kenntnisse und Annahmen kritisch überprüft werden. Das ist leichter gesagt als getan; denn wenn ein Gruppenmitglied etwas sagt, fallen ihm oft andere ins Wort, ergänzen seine Ausführungen oder kritisieren sie. Der Betroffene neigt dann dazu, seinen Standpunkt zu verteidigen, ohne die anderen Standpunkte zu berücksichtigen; oder er schwächt seine Aussagen ab und sagt danach nichts mehr. In beiden Fällen können wertvolle Informationen verlorengehen.

Solchen Kommunikationsproblemen kann man durch *Brainstorming* vorbeugen. Entscheidend dabei ist, daß einige Regeln beachtet werden, die sicherstellen, daß möglichst viele brauchbare Ideen auf den Tisch kommen. Die *Grundregel* lautet: *Ideen werden zuerst geäußert und danach kritisch beurteilt.*

Zu Beginn des Brainstormings erhält jeder Gelegenheit, kurz nachzudenken und seine Ideen in Stichworten zu notieren. Danach sagen alle Gruppenmitglieder, was sie über das Problem wissen und was sie davon denken. Das können bereits klare, aber auch unausgereifte Gedanken sein – häufig ist letzteres der Fall. Das Wissen, das sie über das Problem schon besitzen, reicht meist nicht aus, um die im Problem beschriebene Situation in diesem Stadium vollständig analysieren zu können. Die Gruppenmitglieder äußern sich spontan; das heißt, sie sollten zu Wort kommen, sobald sie eine Idee haben. Das ist nur annähernd möglich, da es keinen Sinn hat, wenn alle durcheinander reden. Diese Methode ist nur dann erfolgreich, wenn die Mitglieder der Gruppe kurz und bündig sagen, was sie denken. Die Teilnehmer müssen sich nicht unbedingt auf das beschränken, was ihnen selbst eingefallen ist, sondern sie können auch kurz bei den Ideen der anderen einhaken.

Es empfiehlt sich, die geäußerten Ideen stets mit einem treffenden Wort an die Tafel zu schreiben.

In den Kästen 9 und 10 finden Sie einige Bruchstücke aus solchen ersten Problemanalysen.

Kasten 9
Fragment einer möglichen Analyse des Problems „Blut im Mund"

> „Könnte es etwas mit Lungenkrebs zu tun haben? Blut im Mund muß natürlich nicht aus den Lungen kommen. Es könnte eine Verletzung im Hals oder im Mund vorliegen. Aber was für eine?"
>
> „Ich glaube, beim Husten wird Druck auf Blutgefäße ausgeübt, denn Menschen, die kräftig husten, bekommen oft einen roten Kopf. Es kann also sein, daß ein Blutgefäß platzt, wenn der Mann hustet."
>
> „Warum hustet man eigentlich? Vielleicht reizt ein Fremdkörper die Luftröhre, zum Beispiel eine eingeatmete Erdnuß oder Schleim. Der Husten ist ein Reflex, der die Luftröhre frei machen soll."
>
> „Menschen mit Tuberkulose husten manchmal Blut. Dieser Mann hat schon seit zwei Wochen Blut im Mund. Vielleicht hustet er schon länger? Ist er Raucher?"
>
> „Woher kommt das Blut? Ich kann mir vorstellen, daß beim Husten durch plötzlichen Druckanstieg etwas platzt. Eine Geschwulst? Sie könnte den Hustenreiz auslösen."
>
> „Er ist Klempner, und das bedeutet, daß er oft in zugigen Räumen arbeitet. Vielleicht ist er stark erkältet, und die Schleimhaut in der Luftröhre ist entzündet. Ich glaube, die Drüsen in der Schleimhaut produzieren Schleim als Schutz gegen Viren oder Bakterien. Aber woher kommt das Blut?"

„Natürlich ist der Orden an seine Zusage gebunden. Auch eine mündliche Vereinbarung ist gültig."

„Ist das wirklich eine Vereinbarung? Es wird nur gesagt, daß die Künstler bis zum 1. November Zeit zum Überlegen haben. Das heißt doch nicht, daß nur sie ein Kaufrecht bekommen."

„Ist das Angebot vielleicht eine Kaufoption? Dann hat der Orden einen Fehler gemacht."

„Die Gemeinde will viel mehr bezahlen als die Künstler. Dem Orden steht es doch frei, darauf einzugehen."

„Es ist doch eigenartig, daß der Orden den Künstlern am 19. August schreibt, er ziehe sein Angebot zurück. Das zeigt doch, daß tatsächlich eine Vereinbarung bestanden hat. Ich finde, die Künstler sollten den Orden wegen Vertragsbruchs verklagen."

„Sollten sie nicht lieber mit der Gemeinde reden? Die hat ihnen doch das Kloster vor der Nase weggeschnappt. So geht das doch wohl nicht."

„Ich denke, die Gemeinde ist an allem schuld, wenn sich herausstellt, daß sie über den Sachverhalt informiert war."

„Meiner Meinung nach kann die Gemeinde nichts dafür. Man kann doch den Käufer nicht dafür verantwortlich machen, daß der Orden das Grundstück gar nicht verkaufen durfte."

Kasten 10
Fragment einer möglichen Analyse des Problems „Der Orden des gegebenen Wortes"

3.3.4 Schritt 4: Ordnen Sie die Ideen, und vertiefen Sie sie auf systematische Weise

In dieser Phase ordnen die Gruppenmitglieder die ersten Ideen systematisch. „Analysieren" heißt, etwas nach zusammengehörigen Teilen zu ordnen. Das bedeutet, daß ein innerer Zusammenhang gefunden wird, daß die einzelnen Elemente nach ihrer gegenseitigen Abhängigkeit geordnet werden und daß relevante und irrelevante Merkmale erkannt werden. Begonnen wird mit dem Ordnen der Ideen. Gedanken, die offenbar zusammengehören, werden als Einheit betrachtet, voneinander abweichende Meinungen als solche gekennzeichnet, mögliche Erklärungen geordnet.

Sehen wir uns einmal die Analyse des Problems „Blut im Mund" an, an dem Medizinstudenten arbeiten. Die Problemanalyse hat einige allgemeine Beschreibungen biologischer Vorgänge geliefert. Die Studenten haben sich überlegt, welche Ursachen ein Husten haben kann („Er ist ein Reflex, der die Luftröhre frei machen soll"). Andere Ideen befassen sich mit der Frage, wie der Husten eine Blutung hervorrufen kann („Es kann sein, daß ein Blutgefäß platzt"). Die übrigen Ideen beschäftigen sich damit, was die freie Atmung behindern könnte (eine entzündete Schleimhaut, Lungenkrebs, Tuberkulose). An der Tafel könnte nun das Schema stehen, das in Abbildung 3-3 wiedergegeben ist. Das systematische Ordnen faßt also die Ergebnisse der Problemanalyse zusammen.

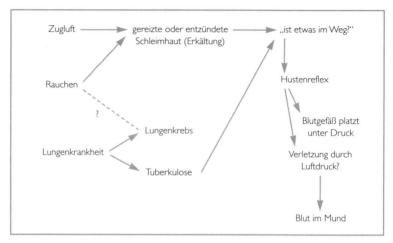

Sobald das erste, wohl vorläufige Ordnen beendet ist, werden die Gruppenmitglieder gebeten, ihre Ideen etwas genauer zu erläutern. Unterschiedliche Auffassungen werden herausgestellt, Ideen werden kritisch besprochen und miteinander verglichen.

In dieser Phase muß ein Gruppenmitglied natürlich Gelegenheit bekommen, seine Gedanken in Worte zu fassen. Andere Mitglieder können diese dann ergänzen, kritische Fragen stellen oder begonnene Gedankengänge fortsetzen. Oft stellt sich bei der Diskussion heraus, daß Unklarheiten bestehen. Man weiß doch nicht so genau, was vor sich geht; es bleiben gegensätzliche Erklärungen für bestimmte Phänomene; oder es tauchen neue Fragen auf, die nicht zu beantworten sind. Solche Unklarheiten und Widersprüche bilden die Grundlage für den fünften Schritt, das Formulieren von Lernzielen.

Manche Gruppenmitglieder lassen sich nur schwer dazu bewegen, die Grundlage ihrer Idee oder Erklärung zu erläutern. Diese Vertiefung ist jedoch sehr wichtig; denn sie zwingt die Teilnehmer, darüber nachzudenken, was sie bereits wissen oder zu wissen glauben.

Wenn Sie zusammen mit den anderen Gruppenmitgliedern bereits vorhandenes Wissen mobilisieren, fällt es Ihnen leichter, neue Informationen zu verstehen, zu lernen und zu behalten; außerdem können Sie zielgerichtet lernen. In dieser Phase der Analyse wird zudem deutlich, was noch unklar ist, woran die Gruppenmitglieder zweifeln und worin ihre Meinungen sich unterscheiden. Genau darum geht es. Denn wenn die Gruppenmitglieder in der Lage wären, sofort eine übersichtliche und schlüssige Erklärung für das Problem zu liefern, bräuchten sich nichts mehr zu lernen. Die noch offenen oder nicht ausdiskutierten Fragen, die Unklarheiten und die gegensätzlichen Meinungen bilden jetzt den Ausgangspunkt für das weitere Studium.

3.3.5 Schritt 5: Formulieren Sie Lernziele

Lernziele werden auf der Basis der Fragen formuliert, die während der Problemanalyse auftreten und die beantwortet werden müssen, um das Problem besser zu verstehen. Wir können Lernziele als Aufgaben und Fragestellungen betrachten, welche sich die Unterrichtsgruppe auf der Grundlage der vorangegangenen Diskussion selbst stellen. Sie bilden den Ausgangspunkt für die Aktivitäten der Studenten zwischen der ersten und zweiten Zusammenkunft der Gruppe. Meist müssen Prioritäten gesetzt werden, weil man sich nicht mit allen Aspekten eines Problems gleich intensiv befassen kann. Die Gruppe entscheidet also, worauf sie sich konzentrieren möchte, und verteilt dann die einzelnen Aufgaben.

Vor allem zu Beginn des Studiums kann es einige Mühe kosten, geeignete Lernziele zu formulieren. Man muß sich erst daran gewöhnen, Fragen derart bewußt zu formulieren und den eigenen Lernprozeß damit zu steuern. Außerdem beherrscht man die Terminologie eines Fachgebietes anfangs nicht hinreichend, so daß es schwierig ist, gute Formulierungen zu finden.

Noch einmal: Es geht beim problemorientierten Unterricht nicht in erster Linie darum, ein Problem zu lösen, sondern eher darum, Wissen über Themen aus einem Fachgebiet zu erwerben. Die Aufgaben, die der Dozent stellt, bilden in einem Unterrichtsblock Anknüpfungspunkte für das Studium der Fachliteratur. Das bedeutet, daß die Lernziele umfassender sind als die gestellte Aufgabe. Außerdem ist bei der Formulierung die zentrale Thematik des Unterrichtsblocks zu berücksichtigen. Häufig enthält die Einleitung des Readers Hinweise zu den allgemeinen Prinzipien, Theorien und Fachgebieten, die wichtig sind.

Lernziele bilden eine Brücke zwischen den Fragen, die bei der Problemanalyse auftauchen, und dem Wissen, das in verschiedenen Fachgebieten über das Thema vorhanden ist. Lernziele müssen daher so formuliert werden, daß sie eine gute Ausgangsposition für das Studium der Literatur und anderer Lehrmittel (zum Beispiel einer Datenbank oder eines Videos) sind. Natürlich ist darin meist nicht der konkrete Fall nebst passenden Antworten zu finden. Die Fragen, die in der Diskussion auftauchen, müssen daher oft in eine allgemeine Frage umformuliert werden, damit deutlicher wird, welche Teile welcher Fachgebiete studiert werden müssen.

Für unsere Beispiele kann das wie folgt aussehen:

Kasten 11
Mögliche Lernziele für
die Fallbeispiele

Für das juristische Problem
- Wie wird das Angebot, ein Grundstück zu einem bestimmten Preis zu kaufen, rechtlich definiert?
- Welche Pflichten für Käufer und Verkäufer ergeben sich genau aus dem Angebot?
- Ist der Anbieter unter allen Umständen an sein Angebot gebunden?
- Auf welche Rechtsnormen könnten die Künstler eine Klage stützen?
- Was können die Künstler unternehmen, wenn das Grundstück bereits an die Gemeinde verkauft ist?

Für das pflegerische Problem
- Was ist eine Hemiplegie, welche Auswirkungen kann ein Schlaganfall auf die Lebensgestaltung haben?
- Was ist eine Inkontinenz, was kann dagegen getan werden?
- Welche weiteren rehabilitativen Maßnahmen können in die Pflege einfließen?
- Welche Wege gibt es, um Motivation und seelischen Zustand von Frau Müller zu stabilisieren?
- Welche Ideen der Absicherung gibt es, damit Frau Müller in der gewohnten Umgebung bleiben kann?

Für das medizinische Problem
- Was ist Lungenkrebs?
- Was ist Tuberkulose?
- Welche Wirkung hat Zugluft auf die Atemwege?
- Welche Wirkung hat das Rauchen auf die Atemwege?
- Wie entzündet sich Schleimhaut, und wie sieht sie dann aus?
- Wie wirkt der Hustenreflex physiologisch?
- Wie kommt eine Blutung durch Husten zustande?

Unterrichtsgruppen neigen mitunter dazu, sich mit der Formulierung vager Lernziele zufriedenzugeben. Schlecht formulierte Lernziele führen dazu, daß jedes Gruppenmitglied sie selbst noch einmal (um)formulieren muß. In der folgenden Sitzung könnte sich dann herausstellen, daß jedes Mitglied etwas anderes gelernt hat. Vage Lernziele sind nicht nur Zeitverschwendung, sondern auch unfruchtbar; denn sie liefern keine Anhaltspunkte, um den neuen Lernstoff aktiv zu verarbeiten.

Natürlich hat es auch wenig Sinn, immer ein sehr einfaches Lernziel zu formulieren, das innerhalb einer Stunde erreichbar ist. Das eigentliche Ziel des Studiums besteht schließlich darin, sich in ein Fachgebiet einzuarbeiten, und das gelingt nicht mit minimalem Einsatz.

3.3.6 Schritt 6: Suchen Sie ergänzende Informationen außerhalb der Gruppe

Wenn die Lernziele formuliert sind, suchen Sie anschließend nach Informationen und studieren Sie diese. Den sechsten Schritt machen Sie also zwischen zwei Zusammenkünften der Gruppe. In Kapitel 5 gehen wir ausführlich darauf ein, wie man den Stoff auswählt und wie man ihn sich erarbeitet. Hier begnügen wir uns damit, einige wichtige Aspekte des Selbststudiums zu nennen:

■ *Studieren Sie gezielt.* Lesen Sie nicht irgendein Buch in der Hoffnung, irgendwo auf das gesuchte Thema zu stoßen.

■ *Studieren Sie aktiv.* Überlegen Sie zum Beispiel während des Lesens, ob Sie die Fragen, welche die Gruppe sich stellte, jetzt besser beantworten können.

■ *Versuchen Sie, den Stoff in eigene Worte zu fassen.* Es nützt der Unterrichtsgruppe nichts, wenn Sie Texte aus einem Buch wörtlich vorlesen, um ein Lernziel zu erreichen. Fragen Sie sich während der Arbeit: Wie erkläre ich das den anderen (selbst wenn es sich um ein Thema handelt, über das Sie nicht sehr gut Bescheid wissen).

■ *Begnügen Sie sich nicht mit einer Quelle.* Sie werden mit der Zeit herausfinden, daß selbst Fachleute verschiedene Erklärungen für ein Phänomen haben.

■ *Lesen Sie über das Lernziel hinaus.* Es genügt nicht, lediglich solche Informationen zu suchen, mit denen Sie die gestellten Fragen gerade noch beantworten können. Die Aufgaben im Reader (und die damit verbundenen Lernziele) eröffnen Ihnen Zugänge zu bestimmten Teilen eines oder mehrerer Fachgebiete. Wenn Sie mit der Arbeit am Lernziel schnell fertig sind, haben Sie möglicherweise zu wenig getan.

■ *Schreiben Sie genau auf, wo Sie Ihre Informationen gefunden haben.* Das ist nicht nur für den Bericht in der Unterrichtsgruppe wichtig, sondern auch für Sie selbst, wenn Sie später noch einmal Ihre Aufzeichnungen lesen.

■ *Machen Sie sich zu den wichtigsten Punkten klare Notizen.*

3.3.7 Schritt 7: Synthetisieren und testen Sie die neuen Informationen

Während der nächsten Zusammenkunft der Gruppe wird geprüft, was das Selbststudium hinsichtlich der Lernziele erbracht hat. Dies beansprucht in der Regel die Hälfte der verfügbaren Zeit. In dieser Phase der Arbeit versuchen Sie, die einzelnen Elemente, die bei der Analyse entdeckt wurden, wieder zu einer Einheit zu verknüpfen. „*Synthetisieren*" – wörtlich: „zusammenfügen" – bedeutet, daß die Gruppenmitglieder sich bemühen, die der Literatur entnommenen Informationen als Einheit zu betrachten. Sie können diesen Prozeß fördern, wenn sie Informationen aus mehreren Quellen schöpfen. Natürlich kann man in der kurzen Zeit nicht alles besprechen, was erarbeitet wurde. Der Bericht sollte sich daher auf folgende Punkte konzentrieren:

- Eine kurze *Zusammenfassung* der wichtigen Informationen, die Sie der Literatur entnommen haben.

- Eine *Besprechung* des Lernstoffs, der nicht verstanden wurde (welche Fragen sind nach dem gründlichen Studium noch offengeblieben?).

- Ein *Rückblick auf die Diskussion* während der letzten Zusammenkunft. Entscheidend ist, ob die Gruppenmitglieder jetzt die Grundsätze des Fachgebiets, um das es im Problem geht, besser erkennen und verstehen.

Der Bericht ist ein gutes Mittel, um das eigene Wissen zu prüfen und den Stoff zu verarbeiten. Berichten Sie mit eigenen Worten, was Sie gelernt haben, und achten Sie darauf, daß die anderen Sie verstehen. Benutzen Sie Ihre Aufzeichnungen als Gedächtnisstütze, aber lesen Sie nicht vor. Wenn andere das Wort haben, überlegen Sie, ob der Bericht klar ist und ob er mit Ihren Erkenntnissen übereinstimmt.

Zum Verarbeiten des Stoffs gehört auch, daß die Unterrichtsgruppe sich nicht darauf beschränkt, die zum Lernziel gehörenden Fragen zu beantworten, sondern begreift, wie die Antworten im Kontext zusammenhängen. Sind die behandelten Themen Teil eines größeren Themas, und wie hängen sie mit den Themen anderer Aufgaben zusammen? Wenn der Gesprächsleiter (oder jemand anders) hierauf achtet, kann er die wichtigsten Punkte in den Berichten noch einmal herausstellen. Falls notwendig, hilft ihm der Tutor dabei.

Ein gründlicher Bericht kann dazu führen, daß die Gruppe ergänzende Lernziele formuliert, denn:

- Manchmal wirft der Bericht neue Fragen auf.

- Manchmal stellt sich heraus, daß die ursprüngliche Fragestellung unklar war, so daß man nicht gefunden hat, was man erwartet hat.

- Manchmal stoßen einige Studenten beim Selbststudium auf Fragen, die für die ganze Gruppe interessant sind.

- Anhand dieser Lernziele machen die Gruppenmitglieder sich erneut an die Arbeit und berichten darüber während der nächsten Sitzung.

Zum Schluß sei noch eine Bemerkung zu überlangen Berichten erlaubt, die den größten Teil der Sitzung in Anspruch nehmen, so daß keine Zeit bleibt, gründlich auf neue Gesichtspunkte einzugehen. Diese Gefahr droht vor allem, wenn der Bericht als „Rechenschaftsbericht" aufgefaßt wird, der alles enthalten muß, was zum Thema gehört, selbst wenn sich daraus im Vergleich mit der Phase des Selbststudiums keine neuen Aspekte ergeben.

3.4   Die Diskussionsaufgabe

Vielleicht fragen Sie sich, worin der Unterschied zwischen einer Problemaufgabe und einer Diskussionsaufgabe besteht – schließlich war schon in den vorangegangenen Abschnitten die Rede von Diskussionen über Ideen und Erklärungen der Unterrichtsgruppe. Der wichtigste Unterschied besteht darin, daß es bei einer Problemaufgabe vor allem darum geht, Erklärungen für bestimmte Phänomene zu suchen, während Diskussionsaufgaben in den Unterricht eingefügt werden, um das kritische Urteilsvermögen zu fördern. Es gibt viele mögliche Themen für eine Diskussion. Manchmal beziehen sie sich auf normative Aspekte des Berufs, auf den der Student sich vorbereitet, oder auf seine allgemeinen, gesellschaftlichen Aspekte. Dabei spielen natürlich persönliche Wertvorstellungen und Meinungen eine Rolle. Manchmal verfolgen diese Aufgaben das Ziel, die Studenten mit verschiedenen Meinungen zu einem Thema vertraut zu machen. In diesem Fall wird beispielsweise verlangt, zwei Theorien, die beide ein bestimmtes Phänomen erklären wollen, gegeneinander abzuwägen. Diskussionsaufgaben bereiten auch auf die spätere Berufsausübung vor; denn sie helfen dem Studenten, Fachgespräche zu führen und seine Auffassung in Worte zu fassen. Einige Beispiele für Diskussionsaufgaben finden Sie in den Kästen 12 und 13.

Berufsrisiko

Wer in der Pflege arbeitet, ist stets einem gewissen Risiko ausgesetzt, weil er mit Krankheitserregern in Berührung kommt. In den letzten Jahren hat AIDS dazu beigetragen, daß man sich über diese Risiken viele Gedanken macht. Manche Leute halten es beispielsweise für notwendig, alle Patienten auf AIDS zu untersuchen, um das Risiko für die Pflegenden zu verringern. Wie schätzen Sie die Risiken Ihres späteren Berufes ein?

Kasten 12
Beispiel für eine
Diskussionsaufgabe in
der Pflegeausbildung

Man ist Anwalt, oder man ist es nicht!

Unlängst haben einige Rechtsanwälte angekündigt, daß sie in Zukunft keine Personen mehr verteidigen werden, denen schwere sexuelle Delikte (Inzest, Vergewaltigung) vorgeworfen werden. Dieser Standpunkt ist auf Kritik gestoßen. Denn wie sieht es mit der Verteidigung von Beschuldigten aus, die Raub, schwere Drogendelikte oder Mord begangen haben? Wie hängen Ihrer Meinung nach die sachliche Arbeit und die persönliche Einstellung des Anwalts miteinander zusammen?

Kasten 13
Beispiel für eine
juristische Diskussionsaufgabe

Viele Menschen halten eine Diskussion für eine Art Wettstreit, den man gewinnen muß: Jeder vertritt seinen Standpunkt und versucht, den anderen mit Argumenten, spitzfindigen Bemerkungen und Tricks davon zu überzeugen. Diskussionsaufgaben im Unterricht verfolgen einen anderen Zweck. Es geht nicht darum, zu einer bestimmten Lösung zu gelangen, sondern darum, daß die Teilnehmer sich ihrer Meinung zu einem Thema und der Auffassung der anderen bewußt werden: „Das ist mein Standpunkt; aber man kann es natürlich auch anders sehen."

Diese Art der Diskussion ist ein schöpferischer Prozeß. Sie sind bereit, Ihre Ansichten zur Diskussion zu stellen und, wenn nötig, zu revidieren. Das setzt voraus, daß Sie anderen zuhören, also versuchen, deren Standpunkt zu verstehen.

Um die Qualität der Diskussion in der Unterrichtsgruppe zu verbessern, ist ein schrittweises Vorgehen bei der Bearbeitung der Diskussionsaufgabe zu empfehlen:

1. Klären Sie unklare Begriffe.
2. Definieren Sie das Problem.
3. Sammeln Sie Meinungen und Standpunkte.
4. Ordnen Sie die Meinungen.
5. Stellen Sie die wichtigsten Punkte heraus.
6. Formulieren Sie Schlußfolgerungen (vielleicht auch Lernziele).

Schritt 1 und 2 haben hier die gleiche Bedeutung wie beim Siebensprung. Sie sollen nämlich verdeutlichen, worüber man diskutiert. Eine gut formulierte Frage trägt zu einer guten Diskussion bei. Es ist nicht immer leicht, das Problem in geeignete Worte zu kleiden. Manchmal liegt das Problem auf der Hand; aber häufiger muß die Gruppe sich darüber einigen, was sie als wichtigstes Diskussionsthema der Aufgabe ansieht. Neben der Frage „Was soll unser Thema sein?" geht es hier auch darum, einen Beschluß zu fassen und das Problem zu definieren. Wichtig ist, daß jedes Mitglied der Unterrichtsgruppe in die Entscheidung einbezogen wird. Wenn es darum geht, sich eine Meinung zu bilden und diskutieren zu lernen, müssen sich möglichst viele Gruppenmitglieder an der Aufgabe beteiligen. Eine erste Gesprächsrunde, in der jeder formuliert, was er für das Hauptproblem hält, ist eine gute Methode, dafür zu sorgen, daß alle Mitglieder ihren Beitrag leisten.

Mit Schritt 3 beginnt die eigentlich Diskussion. Zuerst untersucht die Gruppe, welche Meinungen die Mitglieder zum Gesprächsthema haben. Jedes Gruppenmitglied muß Gelegenheit haben, seinen Standpunkt darzulegen. In dieser Phase müssen die einzelnen Meinungen noch nicht genau geprüft werden; es geht eher darum, sie kennenzulernen. Wichtig ist, daß die Meinungen nicht unter den Tisch gekehrt und Meinungsunterschiede deutlich werden. Dabei spielt der Gesprächsleiter eine entscheidende Rolle. Es empfiehlt sich, eine Tafel zu benutzen, während man Meinungen sammelt; dann hat jedes Mitglied der Gruppe einen guten Überblick. Wer seine Meinung an der Tafel notiert sieht, braucht nicht ständig darauf hinzuweisen.

Wenn die einzelnen Standpunkte klar sind, folgt der vierte Schritt: das Ordnen. Nebensächliche Aspekte werden ausgesiebt, wichtige Gedanken einander gegenübergestellt. Das Ordnen ist vor allem wichtig, damit die Diskussion nicht uferlos wird, und es ist die Voraussetzung dafür, daß der fünfte Schritt (das Herausstellen der wichtigsten Punkte) gelingt. In dieser Phase der Diskussion geht es darum, die einzelnen Standpunkte zu vertiefen und auf ihre Haltbarkeit zu überprüfen. Dafür gibt es verschiedene Möglichkeiten. Zum Beispiel können Vertreter und Gegner einer Auffassung, nacheinander ihre Argumente präsentieren, oder die Gruppe teilt sich in Untergruppen auf, um bestimmte Standpunkte auszuloten und danach die Plenarsitzung wiederaufzunehmen.

Der letzte Schritt soll verhindern, daß die Diskussion wie eine Kerze verlischt. Versuchen Sie zu formulieren, was die Gruppe aus der Diskussion gelernt hat. Bei einigen Diskussionsaufgaben kommen Themen zur Sprache, mit denen die Gruppe nicht ganz vertraut ist. Daraus lassen sich Lernziele ableiten, die man mit Hilfe von Literatur, audiovisuellen Lehrmitteln oder Auskünften von Fachleuten zu Leibe rücken kann. In unserem Beispiel vom Berufsrisiko (Kasten 12) können die Gruppenmitglieder untersuchen, welche Schutzmaßnahmen in einer Einrichtung des Gesundheitswesens getroffen werden und welche Rechte und Pflichten Pflegende haben. Man kann auch jemanden, der regelmäßig mit diesem Problem konfrontiert wird, einladen, um in der Unterrichtsgruppe zu erläutern, wie er mit den Risiken seines Berufs umgeht.

3.5 Die Strategieaufgabe

In einer Strategieaufgabe steht das berufliche Handeln im Mittelpunkt. In der pflegerischen Ausbildung geht es um das Wirken der Krankenschwester/ -pfleger, in der medizinischen Ausbildung geht es dabei oft um die Rolle des Arztes, in der juristischen um die des Anwalts. Die Strategieaufgabe verlangt von Ihnen, sich in eine Krankenschwester/-pfleger, in einen Arzt, einen Rechtsanwalt oder einen Betriebswirt hineinzuversetzen. Dabei sollen Sie lernen, wie man auf der Grundlage bestimmter Vorgänge (die Sie in den Problemaufgaben bereits kennengelernt haben) vernünftige Entscheidungen in einem Fachgebiet trifft. Eine Strategieaufgabe verlangt von Ihnen, die Schritte, bzw. Maßnahmen, zu benennen, die notwendig sind, um eine problematische Situation zu bewältigen, und diese Maßnahmen zu begründen. Der folgende Kasten enthält eine Strategieaufgabe als Beispiel.

Kasten 14

Beispiel für eine
juristische Strategie-
aufgabe

Vito

Sie sind Anwalt von Sonja van Beer und Vito Giovanni. Sonja wohnt seit sechs Monaten bei Vito, einem italienischen Gastarbeiter. Leider scheint ihre gemeinsame Zukunft in die Brüche zu gehen; denn er wird bei einem Einbruch ertappt und zu acht Monaten Gefängnis unter Anrechnung der Untersuchungshaft verurteilt; zwei Monate werden für zwei Jahre zur Bewährung ausgesetzt. Die Lage verschlimmert sich noch, als der Innenminister Vitos Aufenthaltserlaubnis widerruft, so daß ihm die Abschiebung droht. Sonja weiß keinen anderen Rat, als ihn zu heiraten, um die Abschiebung zu verhindern. Was unternehmen Sie als Anwalt der beiden?

Im obigen Beispiel geht es also darum, was Sie als Rechtsanwalt tun können, um Sonja und Vito zu helfen. Welche Schritte können Sie unternehmen, um die drohende Abschiebung zu verhindern oder zu verzögern? Hier wird klar, daß die Ausarbeitung einer Strategie, Kenntnisse voraussetzt, zum Beispiel über das Ausländerrecht und seine Verfahren.

Um eine Strategieaufgabe zu lösen, ist es wichtig, einer klaren Linie zu folgen. Zunächst muß die Gruppe herausfinden, um welches Problem es geht. Dann können die Mitglieder auf der Basis ihrer Vorkenntnisse mögliche Maßnahmen vorschlagen. Die Strategie muß jedoch begründet werden: Warum gerade diese Schritte in dieser Reihenfolge? Welches sind die Vorteile und Nachteile? In einer solchen Besprechung werden nicht alle Unklarheiten und gegensätzlichen Meinungen ausgeräumt, was zur Formulierung bestimmter Lernziele führen kann. Zudem hat die Gruppe am Ende der Diskussion oft das Bedürfnis, die gewählte Strategie zu überprüfen. Das geschieht, indem man anhand der Literatur feststellt, ob die Strategie fachlich richtig ist. In der folgenden Sitzung wird dann über diesen Punkt berichtet.

In beiden Fällen sollte die Gruppe zuerst auf der Grundlage ihrer Vorkenntnisse entscheiden, welche Maßnahmen zu ergreifen sind. Wenn Sie beispielsweise einige Fragen formulieren müssen, ist es nützlich zu überlegen, warum die einzelnen Fragen wichtig sind.

Manchmal kennt der Tutor die richtigen Antworten. In diesem Fall kann die Gruppe die Strategie, für die sie sich entschieden hat, sofort überprüfen und, wenn nötig, ändern. Die Mitglieder müssen sich darüber einig sein, welches der erste Schritt ist, und der Tutor bewertet dann diesen Schritt. Feuern Sie nicht zehn Fragen hintereinander ab, sondern entscheiden Sie jeweils, wie die nächste Frage lauten muß und welche Schlußfolgerungen aus der Antwort zu ziehen sind. Halten Sie fest, was unklar ist, damit Sie ihre Lernziele formulieren können. Auch hier gilt, daß das Studium externer Quellen notwendig ist, um die richtige Strategie besser zu verstehen.

3.6 Die Studienaufgabe

Studienaufgaben sind Aufgaben, in denen genau angegeben ist, was Sie lernen müssen, worauf Sie achten sollen und wo Sie das erforderliche Material finden. In den Kästen 15 und 16 finden Sie Beispiele für Studienaufgaben.

Eine Studienaufgabe verlangt vom Studenten, zu Hause oder in der Bibliothek, individuell zu arbeiten. Das Ziel besteht darin, bestimmte, in der Aufgabe genannte Kenntnisse, zu erwerben. Häufig dient eine Studienaufgabe der Einführung in einige Problemaufgaben, die ohne die in der Studienaufgabe genannte Literatur nicht lösbar sind.

Im Gegensatz zu anderen Aufgabenarten wird hier von der Unterrichtsgruppe keine inhaltliche Diskussion erwartet, es sei denn, nach dem Studium des angegebenen Lernstoffs. Es ist jedoch wichtig, sich darüber zu einigen, in welcher Weise bei der nächsten Sitzung berichtet wird.

Wettbewerb

Studieren Sie Kapitel 4, „Wettbewerbsfähigkeit und Wettbewerbssituation", aus Daems und Douma, *Wettbewerb – Analyse und Strategie*, 1984. Diese Studienaufgabe sollte individuell vorbereitet werden. Im weiteren Verlauf des Unterrichtsblocks wird der gelernte Stoff verwertet.

Kasten 15
Beispiel für eine betriebswirtschaftliche Aufgabe

Nasse Finger

Die Anwälte der „Bande von Bunde" beraten über die Frage, ob eine Berufung sinnvoll ist. Sie finden die Urteilsbegründung ziemlich dürftig. Die Richter waren der Meinung, die Strafe sei „dem Ernst und der Art der begangenen Taten angemessen" und berücksichtige „die Persönlichkeit der Angeklagten". Auffallend ist, daß das Gericht bei Frits weit über den Antrag des Staatsanwalts hinausgegangen ist. Was Peter betrifft, so ist im Urteil keine Rede vom Einwand der Verteidigung, er habe „nicht behandelt, sondern eine Dienstleistung erbracht".
Lesen Sie dazu J. de Hullu, Die Urteilsbegründung im Strafprozeß in G. Knigge (Hrsg.), Strafprozeßlehre (Arbeitsbuch), Groningen 1995

Kasten 16
Beispiel für eine juristische Aufgabe

Frau G., eine 36jährige Frau mit einer chronischen Krankheit, berichtet über ihre Erfahrungen mit Pflegenden und mit Patienten-Selbsthilfegruppen. Grau G. vermißte Information und Beratung von den Professionellen. Bei zahlreichen Klinikaufenthalten wiederholten sich negative Erfahrungen, verbunden mit Gefühlen wie Gleichgültigkeit und Hilflosigkeit.
Lesen Sie dazu: A. Elsbernd; A. Glane: Ich bin doch nicht aus Holz. Ullstein Mosby, Berlin/Wiesbaden 1996 (Interview 3, S. 92)

Kasten 17
Beispiel für eine pflegerische Aufgabe

Es ist übrigens ratsam, beim Studium des Lernstoffs zu überlegen, was Sie vom Thema bereits wissen. Ein nützliches Hilfsmittel bei der Lösung einer Studienaufgabe ist ein Schema mit den wichtigsten Punkten. Im Abschnitt 5.4 erfahren Sie, wie Sie dabei vorgehen können.

Bei Studienaufgaben sieht der Arbeitsprozeß so aus:

- ■ Lesen Sie die Aufgabe, überlegen Sie, was verlangt wird.
- ■ Einigen Sie sich darüber, wie in der nächsten Sitzung berichtet werden soll (z. B. Problemdarstellungen vergleichen, Unklarheiten im Text besprechen).
- ■ Selbststudium.
- ■ Bericht in der Unterrichtsgruppe wie vereinbart.

3.7 Die Anwendungsaufgabe

Eine Anwendungsaufgabe wird gestellt, um den Studenten die Gelegenheit zu geben, ihre erworbenen Kenntnisse anzuwenden. Meist geht es darum, Kenntnisse zu einem neuen Ganzen zu verbinden oder aus bekannten Informationen etwas Neues abzuleiten. In vielen Fachgebieten ist die Anwendung bestimmter Prinzipien sehr wichtig, und Anwendungsaufgaben sind dafür eine gute Übung.

Kennzeichnend für diese Aufgaben ist, daß sie in der Unterrichtsgruppe nicht vor, sondern nach dem Literaturstudium behandelt werden. Im allgemeinen müssen Sie Anwendungsaufgaben daher zu Hause bearbeiten; anschließend können die Ergebnisse in der Gruppe kurz besprochen werden.

Kasten 18
Beispiel für eine
juristische
Anwendungsaufgabe

Ein Unglück kommt selten allein

Erläuterung: Lösen Sie bitte die nachfolgenden Fälle. Diese Aufgaben sollen Ihnen Gelegenheit geben, den bisher behandelten Stoff noch einmal durchzuarbeiten.

A Truus, 34 Jahre alt, steht unter Vormundschaft. Sie wohnt allein, da sie gut für sich selbst sorgen kann. Eines Tages kündigt Truus per Einschreiben den Mietvertrag. Die Wohnungsbaugesellschaft verspricht die Wohnung einem Interessenten, der bereits seit drei Jahren auf einer Warteliste steht.

B Im Schaufenster eines Geschäftes ist ein CD-Player einer bekannten Marke ausgestellt. Auf dem Preisschild steht „700 Gulden". Das sind etwa 200 Gulden weniger als in anderen Geschäften. Barend geht hinein, um das Gerät zu kaufen; aber der Verkäufer teilt ihm mit, es handle sich um einen Irrtum – der korrekte Preis sei 925 Gulden.

Mit Anwendungsaufgaben kann der Dozent auch die Kenntnisse der Studenten prüfen und feststellen, ob sie den behandelten Stoff verstanden haben und praktisch anwenden können. Solche Aufgaben kann man, wenn die Zeit es erlaubt, auch in der Unterrichtsgruppe besprechen. Einige Beispiele für Anwendungsaufgaben finden Sie in den folgenden Kästen

---

Korrelation

Berechnen Sie das statistische Gewicht der Korrelation zwischen Intelligenzquotienten und sozialer Herkunft von 30 Kindern anhand der nachfolgenden Daten ...

Kasten 19
Beispiel für eine statistische Anwendungsaufgabe

Übernehmen Sie die Entlassungsplanung für Herrn Sowinski, einem 78jährigem Herrn mit Diabetes-Ersterkrankung. Berücksichtigen Sie folgende Umstände ...

Kasten 20
Beispiel für eine pflegerische Anwendungsaufgabe

3.8 Andere Aufgabenarten

In den vorhergehenden Abschnitten haben wir einige wichtige Aufgabenarten und die dazugehörigen Arbeitsstrategien behandelt. Sie werden jedoch feststellen, daß die Aufgaben in den Readern sich nicht immer in die genannten Kategorien einordnen lassen. Das bedeutet auch, daß die Unterrichtsgruppe an manche Aufgaben möglicherweise etwas anders herangehen muß. Einige Aufgaben sind Mischformen; aber es gibt auch noch andere Arten von Aufgaben. So kann zum Beispiel am Ende des Blocks ein kurzer Bericht oder ein Organisationsschema verlangt werden. Mitunter wird von der Gruppe erwartet, daß sie die Resultate ihrer Arbeit einer Gruppe von Fachkundigen präsentiert. Es kann auch sein, daß Studenten, als Teil einer Aufgabe, bestimmte praktische Tätigkeiten außerhalb der Unterrichtsgruppe verrichten müssen. Sie sammeln zum Beispiel mit Hilfe eines Computers Daten und analysieren sie, oder sie machen ein Experiment im Labor.

In anderen Unterrichtsprogrammen kommt es vor allem darauf an, neue, kreative Lösungen für die vorgelegten Probleme zu finden. Beispiele dafür sind Architektur und Industriedesign. Eine Unterrichtsgruppe sollte hier eine Arbeitsstrategie wählen, die für das Problem geeignet ist. Während der Problemanalyse befaßt sich die Gruppe dann hauptsächlich mit den Voraussetzungen, denen der Entwurf genügen muß: Wofür und wie wird das Produkt benutzt? Welche Materialien kommen in Betracht? Sind Umweltaspekte zu beachten?

Es würde zu weit führen, für sämtliche abweichenden Aufgabenarten, nebst Mischformen, zu beschreiben, wie die Unterrichtsgruppe damit umgehen sollte. In Unterrichtsprogrammen, die großen Wert auf problemorientierten Unterricht legen, können Sie von Dozenten eine Menge Kreativität erwarten, deren Ziel es ist, das Fachgebiet aktiv und ansprechend darzustellen. Wenn Sie die Verfahren anwenden, die wir in diesem Kapitel vorgestellt haben, sind Sie mit Sicherheit in der Lage, auch bei der Lösung anderer Aufgaben eine sinnvolle Arbeitsstrategie zu entwickeln.

3.9   Andere Arbeitsmethoden

Im vorigen Abschnitt haben wir bereits darauf hingewiesen, daß die Unterrichtsgruppe immer eine Arbeitsstrategie wählen muß, die zu der vorgelegten Aufgabe paßt. Problemorientiert lernen heißt, aktiv lernen, und das bedeutet auch, daß die Arbeit in einer Unterrichtsgruppe aktiv und konstruktiv sein soll. Leider werden die in diesem Kapitel beschriebenen Arbeitsmethoden bisweilen als Anweisungen verstanden, von denen man nicht abweichen darf. Wir weisen nachdrücklich darauf hin, daß es sich um Hilfsmittel handelt, die ein effektives Lernen ermöglichen sollen. Wenn Lernende mehr Erfahrung mit unterschiedlichen Aufgaben haben, kann eine andere Arbeitsstrategie recht erfrischend sein. Damit ist natürlich nicht gemeint, daß man gleich nach dem Lesen der Aufgabe einige Lernziele formuliert, um „Zeit zu sparen". Das Wichtigste bleibt die aktive Auseinandersetzung mit einem Problem und die Analyse mit Hilfe der bereits vorhandenen Kenntnisse. Wenn eine Gruppe sich für eine andere Methode entscheiden möchte, muß jedem Mitglied klar sein, wie es an die Aufgabe herangehen soll.

Abschließend möchten wir noch einige kurze Tips für die Abwandlung von Arbeitsstrategien geben:

■ Neben dem in Abschnitt 3.3 beschriebenen Brainstorming gibt es noch andere Methoden der Ideenproduktion in der Unterrichtsgruppe. Jedes Mitglied kann zum Beispiel seine Ideen zuerst aufschreiben (ein Blatt je Idee); danach werden alle Blätter an eine Tafel geklebt, und die Gruppenmitglieder ergänzen das Vorhandene.

■ Die Gruppe kann sich für kurze Zeit in Untergruppen aufteilen, die nach Erklärungen für bestimmte Phänomene suchen. Die Ergebnisse werden dann gemeinsam besprochen.

■ Der Bericht über das Resultat des Literaturstudiums kann durch ein Schema der entdeckten Begriffe und Zusammenhänge (siehe auch Abschnitt 5.4) ergänzt oder ersetzt werden.

4 Fertigkeiten der Unterrichtsgruppe

4.1 Einleitung

Im vorigen Kapitel haben wir uns mit verschiedenen Arten von Aufgaben und den dafür geeigneten Arbeitsstrategien der Unterrichtsgruppe befaßt. In diesem Kapitel wollen wir auf die Fertigkeiten eingehen, über die ein Lernender verfügen muß, um effektiv in einer Unterrichtsgruppe zu arbeiten. Die einzelnen Abschnitte beschäftigen sich jeweils mit einem Aspekt des Lernens in der Unterrichtsgruppe.

4.2 Die erste Zusammenkunft im Unterrichtsblock

Eine Unterrichtsgruppe wird meist für die Dauer eines Unterrichtsblocks zusammengestellt. Am Anfang des Blocks beginnen Sie also mit einer neuen Studentengruppe und einem neuen Tutor zu arbeiten.

Da die Zusammensetzung der Gruppe sich in jedem Block ändert, müssen die Gruppenmitglieder während der ersten Zusammenkunft besprechen, wie die Gruppe arbeiten soll. Um eine gute Zusammenarbeit zu gewährleisten, ist es wichtig, sich in der ersten Sitzung mit folgenden Punkten zu befassen:

4.2.1   Kennenlernen

In der Pflegeausbildung könnten Themen semesterübergreifend bearbeitet werden.

Wahrscheinlich begegnen Sie in jeder Unterrichtsgruppe Teilnehmer, die Sie noch nicht kennen. Darum ist es notwendig, daß die Teilnehmer und der Tutor sich miteinander bekannt machen. Anfangs kann es schwierig sein, die Namen der anderen zu behalten. Um einander zu helfen, können die Teilnehmer während der ersten Zusammenkünfte ein Namensschild vor sich auf den Tisch stellen. Die Mitglieder sollten auch sagen, welche Pläne sie im bevorstehenden Block haben und welche Erwartungen sie mit ihm verbinden. Wir empfehlen, vor der ersten Sitzung die Einleitung des Readers zu lesen, und den restlichen Inhalt zu überfliegen, damit Sie entscheiden können, für welche Aspekte des Blocks Sie sich besonders interessieren. Sie können auch darüber berichten, auf welchen Gebieten Sie Vorkenntnisse besitzen und wie Sie sich die Arbeit in der Gruppe vorstellen.

4.2.2   Absprachen über die Arbeitsstrategie der Gruppe

Sprechen Sie genau ab, in welcher Reihenfolge die Mitglieder die Gesprächsleitung und die Protokollführung übernehmen. Am einfachsten ist es, nach der Namensliste vorzugehen.

Besprechen Sie, wie bei Abwesenheit eines Mitglieds verfahren wird. Tauschen Sie Anschriften und Telefonnummern aus, so daß alle erreichbar sind.

Wenn Sie bereits absehen können, daß Sie im kommenden Block aus persönlichen Gründen weniger Zeit für Ihr Studium haben werden, sollten Sie die anderen darüber informieren, damit sie sich darauf einstellen können. Fragen Sie auch den Tutor, wie er seine Aufgabe in der Gruppe sieht.

4.2.3   Zeitplanung

Ein Reader enthält meist Hinweise über den Zeitraum, in dem die Aufgaben zu lösen sind. Wenn Sie die Einleitung des Readers lesen und wenigstens einen Blick auf die Aufgaben werfen, können Sie sich ein Bild von der Schwierigkeit der einzelnen Teile machen. Versuchen Sie, miteinander einen vorläufigen Zeitplan für die einzelnen Aufgaben zu erstellen. Der Tutor kann hierbei behilflich sein. Notieren Sie alle Absprachen, damit Sie nach einigen Sitzungen prüfen können, ob der Plan geändert werden muß. Achten Sie auch auf die Hinweise im Reader, die sich auf andere Aktivitäten beziehen, zum Beispiel Praktika, Exkursionen und Vorlesungen. Manchmal müssen Sie sich dazu einschreiben, und bisweilen ist die Zahl der Teilnehmer beschränkt.

4.3 Aktives Zuhören

In einer Unterrichtsgruppe, die an einer Aufgabe arbeitet, redet im Idealfall immer nur ein Mitglied, und die anderen hören zu. Wenn jemand nichts sagt, so können wir daraus allerdings nicht schließen, daß er zuhört! Das Zuhören während eines Gesprächs hat immer zwei Seiten, nämlich die des Sprechers und die des Zuhörers. Wenn Unklarheiten auftreten, kann die Ursache bei beiden liegen. Ein Sprecher teilt immer nur eine Auswahl dessen mit, was er auf der Grundlage seines Wissens und seiner Erfahrung sagen möchte. Ein Zuhörer befindet sich in einer ähnlichen Situation: Er versucht, auf der Basis seiner Kenntnisse und seiner Erfahrung, dem Sprecher zu folgen, und auch er selektiert Informationen. Das kann dazu führen, daß er den Sprecher falsch versteht oder bestimmte Punkte überhört.

Zuhören ist mitunter auch aus anderen Gründen schwierig. Der Zuhörer wird vielleicht von seinen Gedanken abgelenkt, oder er ist unaufmerksam oder zu sehr mit dem beschäftigt, was er selbst sagen möchte. Auch der Sprecher kann das Zuhören erschweren. Schlecht formulierte Sätze und ein langweiliger Vortrag machen es den Zuhörern schwer, sich zu konzentrieren. Probleme entstehen auch, wenn der Sprecher seinen Zuhörern zuviel Stoff zumutet.

Aktives Zuhören ist ein Mittel, um Kommunikationsproblemen vorzubeugen. Sie müssen dabei sowohl auf den Inhalt des Vortrags als auch auf die Intention des Sprechers achten. Wir geben nachfolgend einige Tips, die Ihnen helfen, einander in der Unterrichtsgruppe besser zuzuhören.

- Suchen Sie regelmäßig Blickkontakt mit dem Sprecher. Gesten und der Gesichtsausdruck können Ihnen zusätzliche Informationen darüber geben, worauf der Sprecher hinaus will.
- Konzentrieren Sie sich auf das, was der Sprecher sagt. Viele Menschen neigen dazu, nach einigen Sätzen über eigene Argumente nachzudenken. Dadurch entgeht ihnen ein Teil des Vortrags.
- Überprüfen Sie, ob Sie den Sprecher verstanden haben. Sie können zum Beispiel sagen: „Wenn ich dich richtig verstanden habe, meinst du damit ...", oder Sie können Fragen stellen. Dadurch erhält der Sprecher Gelegenheit, seine Ausführungen zu erläutern oder zu verdeutlichen.
- Zeigen Sie, daß Sie zuhören. Ein „Pokerface" macht viele Sprecher unsicher. Reagieren Sie beispielsweise mit einem Nicken oder Lächeln. Spielen Sie nicht mit dem Bleistift, und starren Sie nicht aus dem Fenster.

4.4 Zusammenfassen

Kennzeichnend für Unterrichtsgruppen ist, daß sie durch lebendigen Gedanken- und Meinungsaustausch an Aufgaben arbeiten. Es ist schwierig, viele Informationen gleichzeitig aufzunehmen oder einzelne Gesichtspunkte auseinanderzuhalten, wenn das Thema neu ist. Wir behalten Informationen am besten, wenn wir die Zusammenhänge und die Bedeutung der Informationen kennen. Das Zusammenfassen von Informationen ist eine gute Methode, um sich die Struktur und den Verlauf eines Gesprächs einzuprägen.

Eine *Zusammenfassung* ist ein kurze Wiedergabe einer Diskussion oder eines Teils der Diskussion. Sie enthält möglichst genau die Diskussionsbeiträge der Gruppenmitglieder während der letzten Zusammenkunft. Gleichzeitig sorgt sie für Ordnung, stellt Zusammenhänge her und weist nach, welche Fortschritte die Gruppe macht. Außerdem gibt die Zusammenfassung den Teilnehmern die Möglichkeit, festzustellen, ob man einander verstanden hat.

Zusammenfassungen sind nicht das Privileg des Gesprächsleiters. Jeder Gesprächsteilnehmer (also auch der Tutor) kann zusammenfassen. Für manche Gruppenmitglieder ist eine Zusammenfassung eine Gelegenheit zu überprüfen, ob sie die Diskussion verstanden haben. Der Gesprächsleiter sollte darauf achten, daß regelmäßig zusammengefaßt wird.

Wir empfehlen, beim Zusammenfassen die folgenden Hinweise zu beachten:

- *Weisen Sie darauf hin*, daß Sie eine Zusammenfassung geben möchten. Beginnen Sie mit Sätzen wie „Ich möchte einmal versuchen, die Diskussion zusammenzufassen" oder „Zusammengefaßt ..." oder „Halten wir noch einmal fest, was wir bis jetzt besprochen haben."
- Konzentrieren Sie sich auf die *wichtigsten Gedanken*. Eine Zusammenfassung muß kurz sein und dennoch die wichtigsten Beiträge jedes Gesprächsteilnehmers enthalten.
- Eine Zusammenfassung ist eine gute Methode, ein Teilthema *abzurunden*. Wenn die Teilnehmer einige Punkte angeführt haben und sich allmählich wiederholen, ist eine Zusammenfassung ein gutes Mittel, um eine Zwischenbilanz zu ziehen. Sie ist auch angebracht, wenn die *Aufmerksamkeit* der Gruppenmitglieder *nachläßt*, und sie kann der Gruppe über einen toten Punkt hinweghelfen und Mitglieder, die bereits „abgeschaltet" haben, bei der Stange halten.
- Machen Sie bei Bedarf von der *Tafel* Gebrauch. Halten Sie darauf die wichtigsten Punkte kurz und prägnant fest, am besten mit Stichworten.

4.5   Informieren und Fragen

Wenn eine Unterrichtsgruppe an einer Aufgabe arbeitet, füllen Informationen und Fragen den größten Teil der Zeit aus. Es ist wichtig, daß eine Gruppe gut mit Informationen umgehen kann, damit die Diskussion über ein Problem in die richtigen Bahnen gelenkt und das Verständnis des Lernstoffs vertieft wird. Befassen wir uns zunächst mit der Bedeutung eines guten Informationsaustausches und anschließend mit der Frage, wie man ihn in einer Unterrichtsgruppe verbessern kann.

Pädagogen haben herausgefunden, daß Lernende eine Information am besten behalten, wenn sie um Erläuterungen eines Problems bitten oder selbst Erläuterungen geben. Dies gilt jedoch nur dann, wenn die Erläuterung gut ist. Wenn sie aus Argumenten und Beispielen besteht oder verdeutlicht, wie ein Problem verstanden oder gelöst werden kann, verhilft sie sowohl dem, der erläutert, als auch dem, der fragt, zu besseren Leistungen. Eine Erläuterung dieser Art macht nämlich den Stoff transparenter.

Wer erläutert, stößt möglicherweise auf Unklarheiten und sucht dann nach besseren Beispielen oder Formulierungen, oder er vertieft sich noch einmal in die Literatur.

Der Zuhörer sollte überprüfen, ob er die Ausführungen verstanden hat und ob sie mit seinen eigenen Erkenntnissen zum Thema übereinstimmen.

Solche Denkprozesse führen dazu, daß das Wissen der Gruppenmitglieder eine klare Struktur erhält und vertieft wird. Der aktive Umgang mit Informationen fördert also das Lernen. Das bedeutet auch, daß es nicht sinnvoll ist, statt einer Erläuterung auf ein Buch hinzuweisen, in dem die gewünschte Antwort zu finden ist, oder wörtlich aus einem Buch oder aus den eigenen Notizen vorzulesen. Verlangen Sie von sich selbst und von den anderen, daß Erläuterungen mit eigenen Worten gegeben werden. Natürlich können Sie ein Schema oder einige Stichworte als Hilfsmittel benutzen; aber erläutern sollten Sie selbst.

Sehen wir uns einmal eine Gruppe an, die sich bemüht, Informationen zu verarbeiten. Als Beispiel möge das Problem „Ein warmer Sommertag" aus Kapitel 1 dienen, in dem es um Gewitter geht. Ein Mitglied der Unterrichtsgruppe berichtet, was er dazu herausgefunden hat. Die Gruppe hat Literatur studiert, um die Frage zu beantworten „Hat die Entstehung von Blitzen etwas mit Elektrizität zu tun, und wie entsteht die Elektrizität in den Wolken?"

Joa: „Zwischen den Wolken besteht keine unterschiedliche Ladung. Das war also falsch. Ladungsunterschiede gibt es im gesamten Bereich des Gewitters. Aber wie dieser Vorgang sich abspielt, ist mir immer noch nicht ganz klar."

Bas: „Ein Gewitter entsteht, wenn nach einigen warmen Tagen Veränderungen in der Atmosphäre eintreten, zum Beispiel wenn ein Tiefdruckgebiet sich einem Hochdruckgebiet nähert. Im warmen Gebiet steigt warme, feuchte Luft auf. Diese vertikalen Konvektionsströmungen können sich in höheren Lagen nicht auflösen, weil dort kalte, instabilere Luft hängt. Die warme Konvektionsströmung ..."

Har (unterbricht): „Wieso das? Kalte Luft sinkt doch und liegt dann unter der warmen."

Bas: „Nun, nein, ich glaube ... Du mußt das in einem riesigen Maßstab sehen. Hier geht es um enorme Luftmassen. Die prallen auf die höheren Luftschichten. Dadurch entstehen Gewitterwolken in gut 10 bis 15 Kilometer Höhe. Wenn die warme, feuchte Luft aufsteigt, kühlt sie sich ab, und das Wasser wird erst zu Tropfen, dann zu Eiskristallen. Ich glaube, während dieses Prozesses verändert sich auch die Ladung der Luft."

Els: „Ja, genau. Sie wird positiv oder negativ geladen, je nach Umfang der Tropfen oder Kristalle. Die starken Turbulenzen zerbrechen die Eiskristalle. Die großen Kristalle sind negativ geladen, die kleinen positiv. Die großen Kristalle sinken, die kleinen werden nach oben gewirbelt. Wegen der Turbulenzen in den höheren Luftschichten befindet sich die positive Ladung zum größten Teil in den höchsten Schichten, die negative befindet sich hauptsächlich darunter in den Wolken. Aber in den riesigen Wolken gibt es auch lokale Unterschiede. Darum gibt es auch in den untersten Luftschichten Bereiche mit positiver Ladung neben Gebieten mit negativer Ladung."

Joa: „Und diese unterschiedlichen Ladungen sind die Ursache der Blitze zwischen Himmel und Erde?"

Bas: „Nein, zwischen den Wolken entstehen kleine elektrische Ströme, die den Weg des geringsten Widerstandes gehen. Das sind sozusagen Miniblitze, man nennt sie Vorentladungen."

Joa: „Aber die Wissenschaftler sind sich noch nicht darüber einig, wie diese Ladungen entstehen. Die haben übrigens eine enorme Kraft. Ich habe gelesen, daß man in den USA Blitze gemessen hat, deren Ladungspotential eine Stadt wie Chicago geraume Zeit mit Strom hätte versorgen können. Das wäre eine schöne Lösung für die Umweltprobleme, die Kraftwerke verursachen."

Tom: „Wie willst du diese Potentiale denn einfangen?"

Gesprächsleiter: „Schließen wir doch erst das Thema Gewitter ab. Har?"

Har: „Durch die Vorentladungen entstehen Leitkanäle; sie bahnen dem richtigen Blitz den Weg."

Joa: „Aber erst gibt es doch einen Blitz von der Erde zur Wolke, oder?"

Har: „Die Erde als Ganzes ist negativ geladen, aber sie ist auch ein guter Leiter. Durch die starken negativen Ladungen in den Wolken entstehen positive Stellen auf der Erde. Wenn die Spannungsunterschiede zwischen der Erde und der Unterseite der Wolke groß geworden sind, kann ein Blitz von der Erde zur Unterseite der Wolke fließen. In der Wolke haben sich dann bereits die genannten Hauptkanäle gebildet, durch die die Ladung mit gewaltiger Kraft und Hitze nach unten, zur Erde, strömen kann."

Informationen kann man auf zweierlei Arten übermitteln. Die Information kann aus Tatsachen bestehen, aber auch aus einer subjektiven Meinung zu einem Thema. Oft ist es schwierig, festzustellen, ob eine Information *objektiv* ist oder ob sie eine *persönliche Meinung* wiedergibt. Dies liegt daran, daß der Mensch dazu neigt, seine Meinung so zu äußern, als handele es sich um Fakten. Im obigen Beispiel gibt Bas durch die Worte „Ich glaube .." zu erkennen, daß er sich nicht ganz sicher ist (man könnte daher auch an seinen übrigen Ausführungen zweifeln).

Vor allem in Diskussionen, die persönliche Dinge betreffen, vermischen sich häufig beide Aspekte. Man muß also gut zuhören, um Tatsachen von subjektiven Meinungen unterscheiden zu können. Manchmal ist es ratsam, zu fragen, woher eine Information stammt, um zu verhindern, daß man unvollständige oder falsche Informationen bekommt.

In einem Gespräch oder in einer Diskussion ist es außerdem wichtig, nicht vom Thema abzuweichen. Abschweifungen sind ein häufiges Problem bei Gruppendiskussionen. Sie machen ein tiefes Eindringen in ein Problem und eine fruchtbare Erörterung des Lernstoffs unmöglich. Zudem können Unklarheiten über das Thema entstehen, weil die Gesprächspartner einander nicht oder nur teilweise verstehen oder weil jeder das Gesprächsthema aus seinem Blickwinkel interpretiert. Das kann dazu führen, daß die Teilnehmer glauben, einander verstanden zu haben, obwohl sie über ganz verschiedene Dinge geredet haben. Wenn eine Information gegeben wird, muß sie sich also an das anschließen, was die Gruppe bereits besprochen hat.

Einige Richtlinien für das Übermitteln von Informationen können dabei behilflich sein:

- ■ Versuchen Sie, sich in die Gedankenwelt (in den Bezugsrahmen) der Zuhörer zu versetzen.
- ■ Versuchen Sie, an diese Gedankenwelt anzuknüpfen. Ordnen Sie Ihren Bericht nach Haupt- und Nebenpunkten.
- ■ Überlegen Sie, ob visuelle Hilfsmittel (an einer Tafel) die Informationen verdeutlichen können.
- ■ Sehen Sie die Zuhörer immer wieder an, während Sie sprechen, und versuchen Sie, an ihrem Gesicht abzulesen, ob sie Ihnen folgen können.
- ■ Machen Sie deutlich, ob Sie ihre eigene Meinung wiedergeben oder ob Sie einen Text so objektiv wie möglich zusammenfassen. Nennen Sie die Quelle Ihrer Informationen.
- ■ Geben Sie den anderen Gelegenheit, Fragen zu stellen.
- ■ Fassen Sie die wichtigsten Punkte Ihres Berichts zusammen.

Diese Richtlinien erfordern einige Übung. Überlegen Sie beispielsweise nach dem Literaturstudium zu Hause, wie Sie diese Informationen am besten übermitteln. Machen Sie sich Notizen, fertigen Sie ein Schema an (siehe auch Kapitel 5), suchen Sie nach Beispielen, und denken Sie sich kritische Fragen aus. Versuchen Sie dann, das Gelernte in eigenen Worten vorzutragen.

Die Kehrseite der Informationsübermittlung ist die *Frage* nach Informationen. Wenn in einer Diskussion gute Fragen gestellt werden, eröffnen sich häufig ganz neue Perspektiven. Insofern ist der Unterschied zwischen *offenen* und *geschlossenen* Fragen von Bedeutung. Die Fragen, die Har und Tom gestellt haben, sind offene Fragen, die ein tieferes Eindringen in die Thematik verlangen. Geschlossene Fragen erlauben stets eine oder mehrere Antworten, unter denen der Antwortende wählen muß. Angenommen, in unserem Beispiel wird folgende Frage gestellt:

Joa: „Stimmt es, daß an Küsten mit viel Industrie, zum Beispiel in der Nähe von Rotterdam, Gewitter öfter vorkommen?"

Darauf wird ein „Ja" oder ein „Nein" als Antwort erwartet (hier lautet die Antwort übrigens „ja"). Natürlich können Sie mit geschlossenen Fragen gut überprüfen, ob Sie eine Information richtig verstanden haben.

In einer Unterrichtsgruppe sind beide Arten von Fragen wichtig, um die Diskussion lebendig, geordnet und konkret zu gestalten. Offene Fragen sollten jedoch überwiegen, da sie zu einer Erörterung des Lernstoffs führen. Stellen Sie also Fragen, die zum Nachdenken anregen und eine Diskussion über die Haltbarkeit von Behauptungen in Gang setzen.

Wie beim Übermitteln von Informationen, können wir beim Fragen nach Informationen einige Spielregeln formulieren, die es leichter machen, in einer Unterrichtsgruppe Fragen zu stellen. Viele dieser Regeln werden naturgemäß mehr oder weniger genau befolgt. Dennoch lohnt es sich, in der Nachbereitung einer Gruppensitzung gelegentlich darüber nachzudenken, wie die Mitglieder einander Fragen stellen und ob die Fragen sinnvoll sind. Dabei sind folgende Punkte zu beachten:

■ *Bezieht die Frage sich auf das Gesprächsthema?* Ebenso wie Informationen, können auch Fragen vom eigentlichen Thema ablenken.

■ *Sind die Fragen als Fragen erkennbar?* Manche Menschen verstecken ihre Frage in einer Meinungsäußerung. Den Gesprächspartnern ist dann unklar, ob jemand einen Beitrag zum Thema liefern oder wissen will, was die anderen von seiner Idee halten. Klare Fragen beginnen mit einem Fragewort: wer, was, warum, welcher ... Diese Worte signalisieren den anderen, daß eine Frage folgt.

■ *Sind die Fragen kurz und eindeutig?* Formulieren Sie keine verwickelten Sätze, die von der eigentlichen Frage ablenken.

■ *Sind die Fragen zweideutig?* Der häufigste Verstoß gegen diese Spielregeln besteht darin, daß jemand zwei oder mehr Fragen zugleich stellt. Die Ursache kann eine schlechte Formulierung sein oder der Wunsch, soviel wie möglich zur Diskussion zu stellen. Der Antwortende weiß dann oft nicht, auf welche Fragen er in welcher Reihenfolge antworten soll. Häufig kann er nicht alle Fragen behalten, oder er lenkt seine Antwort bewußt oder unbewußt in eine ihm genehme Richtung.

4.6 Gesprächsleiter I: Vorbereitung eines Gruppentreffens

In Kapitel 2 sind wir bereits kurz auf die Rolle des Gesprächsleiters eingegangen. In einer Unterrichtsgruppe übernimmt jedes Mitglied diese Rolle zumindest einmal. In der ersten Sitzung wird abgesprochen, in welcher Reihenfolge das geschieht. Man kann sich beispielsweise nach der Namensliste richten. Wichtig ist, daß jeder rechtzeitig weiß, wann er Gesprächsleiter sein wird, damit er sich darauf vorbereiten kann. Jemanden ad hoc zum Gesprächsleiter zu bestimmen, ist allenfalls eine Notlösung.

Nur wenige Studenten wissen zu Beginn ihres Studiums, wie man ein Gespräch leitet. Darum wollen wir uns in den folgenden Abschnitten mit den wichtigsten Aspekten der Gesprächsleitung befassen. Zunächst aber sollten wir ein verbreitetes Mißverständnis beseitigen. Viele Studenten halten den Gesprächsleiter nämlich für denjenigen, der für das Wohl und Wehe der Gruppe verantwortlich ist. Wenn etwas schiefgeht, deuten sie anklagend auf ihn: Er hat nicht rechtzeitig eingegriffen, nicht zusammengefaßt, nicht nachgehakt ...

Der Gesprächsleiter spielt zwar eine wichtige Rolle, wenn es darum geht, die Arbeit der Gruppe zu fördern; aber die anderen Mitglieder müssen dazu ebenfalls ihren Beitrag leisten. Jedes Mitglied einer Unterrichtsgruppe ist dafür verantwortlich, daß die Gruppe Fortschritte macht. Das bedeutet, daß Sie sich nicht untätig zurücklehnen dürfen, wenn Sie nicht der Gesprächsleiter sind. Wenn die Diskussion stockt oder wichtige Punkte vergessen werden, muß jedes Mitglied darauf hinweisen und Abhilfe schaffen.

Vielleicht fragen Sie sich nun, warum eine Gruppe überhaupt einen Gesprächsleiter braucht, wenn ohnehin jeder mitverantwortlich für ihren Erfolg ist. Wenn alle Gruppenmitglieder imstande wären, sich gleichzeitig auf den Inhalt *und* den Ablauf der Diskussion zu konzentrieren, wäre der Gesprächsleiter in der Tat überflüssig. Die Erfahrung hat jedoch gezeigt, daß diese Kombination äußerst schwierig ist. Die Mitglieder der Gruppe sind so sehr mit dem Diskussionsthema beschäftigt, daß sie kaum auf die Beiträge ande-

rer und auf den Gang der Diskussion achten. Das muß also jemand übernehmen, der sich inhaltlich weniger engagiert, aber auf die große Linie achtet und
eingreift, wenn es angebracht ist. Ein Gesprächsleiter kümmert sich nicht nur
um die inhaltliche Verarbeitung des Lernstoffs – und den Lernprozeß –,
sondern auch um die Art und Weise, wie die Gruppenmitglieder miteinander diskutieren: um den Gruppenprozeß.

Bei der Zusammenkunft einer Unterrichtsgruppe stehen meist zwei Aspekte im Vordergrund: die Analyse neuer Aufgaben und die Berichte über die
Lernziele der vorigen Sitzung.

Um sich auf neue Aufgaben vorbereiten zu können, muß der Gesprächsleiter den einschlägigen Text im Reader gründlich durchlesen. Überlegen Sie
sich, wie die Gruppe an die Aufgaben herangehen kann, und versuchen Sie
einzuschätzen, wieviel Zeit jede Aufgabe beanspruchen wird. Berücksichtigen
Sie dabei auch die bisherige Planung der Gruppe und den Zeitplan des Unterrichtsblocks.

Was die Berichte betrifft, so sollten Sie sich als Gesprächsleiter intensiv
mit den Lernzielen befassen. Auf dieser Grundlage denken Sie dann vor der
Zusammenkunft der Gruppe über folgende Punkte nach:

■ Sollen die einzelnen Lernziele in einer *bestimmten Reihenfolge* besprochen werden? Besteht zwischen ihnen ein *Zusammenhang*?

■ Wieviel *Zeit* ist wahrscheinlich für die Besprechung der Lernziele erforderlich, und wie wird sie verteilt?

■ Welche *Schwierigkeiten* enthält der Lernstoff, der besprochen werden
muß? Wann und wie sollte man sich damit befassen?

■ Welcher *Zusammenhang* besteht zwischen dem Thema des Unterrichtsblocks, den Aufgaben und den daraus abgeleiteten Lernzielen? Ergeben
sich aus dem Lernstoff allgemeine Regeln, Prinzipien oder Auffassungen,
die über die konkreten Lernziele hinausgehen?

■ Welche *Beiträge* sind von den Mitgliedern zu erwarten, wenn man die
bisherigen Sitzungen und die letzte Besprechung der Lernziele berücksichtigt?

Wie wir bereits mehrfach erwähnt haben, muß die Unterrichtsgruppe in den
zwei Stunden, die ihr zur Verfügung stehen, viel Arbeit verrichten. Darum
empfiehlt es sich, daß der Gesprächsleiter der Gruppe eine Tagesordnung vorlegt, aus der hervorgeht, wieviel Zeit für die einzelnen Lernziele und die neu-
en Aufgaben vorgesehen ist (siehe dazu Kasten 21). Die beiden wichtigsten
Punkte der Tagesordnung sind:

■ der Austausch von Informationen, die das Studium der Lernziele erbracht
hat: die Berichte.

■ die Analyse der neuen Aufgaben und danach das Formulieren neuer Lernziele.

Die Tagesordnung ist in mehrere Abschnitte gegliedert, und der Gesprächsleiter gibt jeweils an, wieviel Zeit seiner Meinung nach für jeden Punkt erforderlich ist. Eine Einteilung in Abschnitte ist nicht immer sinnvoll. Wenn man beispielsweise einige Teilthemen im Zusammenhang besprechen will, ist es sinnlos, den Plan in mehrere Abschnitte einzuteilen (siehe z. B. die Zeit zwischen 9.30 und 10.15 Uhr). Wenn man ein Thema jedoch in mehrere einzelne Punkte unterteilen kann, gibt eine Einteilung dem Gespräch zugleich eine vorläufige Struktur und kann die Diskussion vereinfachen (z. B. die Zeit von 8.40 bis 9.20 Uhr).

Tagesordnung Block 1.2, 4. Woche, 2. Sitzung	
8.30-8.40 Uhr	Eröffnung der Sitzung, Besprechung der Tagesordnung
8.40-9.20 Uhr	Besprechung der Aufgabe 26. Lernziele:
	1. Wie weit reicht die Verordnungsbefugnis der Gemeinde?
	2. Wie kann man eine Gemeindeverordnung anfechten?
	3. Grundbegriffe der Lehre von der unteilbaren Willenserklärung.
9.20-9.30 Uhr	Pause
9.30-10.15 Uhr	Analyse neuer Aufgaben:
	Aufgabe 26: Fresh Air
	Aufgabe 27: Autofreier Sonntag
10.15-10.20 Uhr	Festlegung der Lernziele für das nächste Mal
10.20-10.30 Uhr	Arbeitsverteilung und Beurteilung der Sitzung

Kasten 21
Die Tagesordnung einer Unterrichtsgruppe

Überlegen Sie beim Zusammenstellen der Tagesordnung genau, wie viele Themen zwischen den Sitzungen bewältigt werden können. Organisatorische Umstände können die Zeit zwischen zwei Zusammenkünften verknappen, zum Beispiel wenn die erste Sitzung am Dienstagnachmittag stattfindet, die zweite am Freitagnachmittag, die dritte wieder dienstags und so weiter. Achten Sie dann darauf, daß zwischen der zweiten und dritten Sitzung an überschaubaren Lernzielen gearbeitet werden kann, damit die Mitglieder der Gruppe nicht unter Zeitdruck stehen. Komplexere Aufgaben eignen sich eher für den längeren Zeitraum zwischen Dienstag und Freitag.

Es gibt zwei günstige Zeitpunkte, um die Gesprächsleitung an ein anderes Gruppenmitglied zu übergeben. Eine Möglichkeit besteht darin, vor jeder Sitzung einen neuen Gesprächsleiter zu bestimmen. Dieser leitet dann die ganze zweistündige Sitzung. Oft war der Gesprächsleiter in der vorigen Sitzung Protokollführer, so daß er sich auf die neue Rolle vorbereiten konnte.

Man kann den Gesprächsleiter aber auch während der Sitzung wechseln: Gruppenmitglied A leitet die Besprechung der neuen Aufgaben und, während der folgenden Zusammenkunft, die Diskussion der Berichte über diese Aufgaben. Gruppenmitglied B übernimmt die Gesprächsleitung, wenn neue Auf gaben und die Berichte darüber erörtert werden. Auf diese Weise liegen die Analyse und die Berichterstattung in einer Hand. Diese Methode erlaubt ebenfalls eine gute Vorbereitung auf die Berichte. Am besten entscheidet die Gruppe zu Beginn des Unterrichtsblocks, welches Verfahren sie vorzieht.

4.7 Gesprächsleiter II: Aufgaben während des Gruppentreffens

Während der Zusammenkunft der Unterrichtsgruppe haben Sie als Gesprächsleiter verschiedene Aufgaben zu erfüllen. Wenn die Sitzung beginnt, legen Sie die Tagesordnung vor und stellen fest, ob die anderen mit den Themen und der Zeiteinteilung einverstanden sind.

Die Tagesordnung ist ein Hilfsmittel, um das Gespräch zu ordnen, darum müssen Sie mit der erforderlichen Flexibilität zu Werke gehen. Wenn die Besprechung eines Themas länger als vorgesehen dauert und die Gruppenmitglieder eine Fortsetzung der Diskussion für sinnvoll halten, dann darf die Tagesordnung keine Zwangsjacke sein, die das verhindert. Am Anfang der Sitzung muß es möglich sein, die Tagesordnung zu ändern.

Nachdem die Gruppe sich über die Tagesordnung geeinigt hat, beginnt sie mit den Berichten über den gelernten Stoff auf der Grundlage der Lernziele, die während der vorigen Sitzung festgelegt wurden.

Die Berichte sollen keine Aneinanderreihung isolierter Themen sein, sondern müssen sich in die Aufgabe, in das Thema oder in ein Unterthema des Unterrichtsblocks einfügen. Eine regelmäßige Rückkoppelung mit dem Thema sorgt dafür, daß der Lernstoff besser strukturiert und integriert wird. Der Gesprächsleiter kann einen solchen Rahmen für die weitere Besprechung liefern, indem er das Gesprächsthema gut einleitet. Er darf sich also nicht damit begnügen, die Lernziele aufzuzählen. Eröffnungen wie „Das Lernziel lautet: Wie weit reicht die Verordnungsbefugnis der Gemeinde? Wer hat dazu etwas herausgefunden?" sind richtungslos, motivieren nicht und sind vage, was den Gang der Diskussion betrifft.

Besser ist es, wenn der Gesprächsleiter kurz die Diskussion zusammenfaßt, die zur Formulierung dieses Lernzieles führte, das Lernziel nennt und angibt, wie es besprochen werden soll. Das kann wie folgt aussehen:

„Voriges Mal haben wir über Gemeindebehörden diskutiert, genauer gesagt über die Befugnis der Gemeinde, Verordnungen zu erlassen. Dazu gab es verschiedene Meinungen. Ein Teil der Gruppe meinte, diese Befugnis sei durch Landes- und Bundesrecht sehr beschränkt; andere waren der Meinung, eine Gemeinde dürfe auf bestimmten Gebieten selbst Verordnungen erlassen. Mit diesem Thema haben wir uns als Lernziel näher befaßt.

Jetzt sollten wir der Reihe nach über folgende Fragen sprechen: Wie weit reicht die Befugnis der Gemeinde, Verordnungen zu erlassen? Reicht sie in allen Bereichen der Verwaltung gleich weit? Gibt es Probleme mit übergeordneten Behörden?

Schauen wir erst mal, was die einzelnen Autoren dazu sagen, und besprechen wir dann die Probleme, auf die ihr in der Literatur gestoßen seid.

Jan, du warst letztes Mal der Ansicht, die Befugnis der Gemeinde sei sehr beschränkt. Bist du nach dem Studium der Literatur noch derselben Meinung?"

Kennzeichnend für diese Art der Eröffnung sind folgende Elemente: Der Gesprächsleiter stellt das Problem deutlich in den Kontext, motiviert die Gruppenmitglieder, ihren Beitrag zu liefern, und macht einen Vorschlag zur Prozedur. Danach wartet er in aller Ruhe auf die Reaktionen.

Während der Diskussion muß der Gesprächsleiter dafür sorgen, daß die Informationen übersichtlich und zielgerichtet fließen. Dafür hat er mehrere Möglichkeiten. Zunächst kann er jemandem, der etwas sagen möchte, *das Wort erteilen.* Schon dadurch, daß er den Namen desjenigen nennt, der etwas beitragen will, gliedert er die Diskussion und verhindert, daß alle durcheinanderreden. Voraussetzung ist natürlich, daß er gut aufpaßt und sieht, wer sich meldet.

Ein wichtiges Mittel, um für eine geordnete Diskussion zu sorgen, sind regelmäßige *Zusammenfassungen.* Eine Zusammenfassung verdeutlicht der Gruppe, welche Fortschritte sie macht, und hilft, das Gesprächsthema im Auge zu behalten.

Weitere Möglichkeiten, die Diskussion in geordnete Bahnen zu lenken, sind *Notizen an der Tafel* sowie *Fragen* und *Schlußfolgerungen.*

Es gehört zu einer guten Abrundung des Gesprächsthemas, die wichtigsten Punkte des Gelernten noch einmal hervorzuheben, zum Beispiel: „Wir haben nun ausführlich über ... gesprochen. Möchte jemand noch etwas ergänzen? Wenn nicht, fasse ich die Kernpunkte noch einmal zusammen. Erstens ..."

Da Sie als Gesprächsleiter den Lernstoff selbst studiert haben, verfügen Sie natürlich auch über inhaltliche Kenntnisse. Nutzen Sie dieses Wissen vor allem, um die Diskussion zu ordnen und um Fragen zu stellen. Wenn Sie sich an der Diskussion beteiligen, können Sie Ihre eigentliche Aufgabe wahrscheinlich nur unzureichend erfüllen. Falls Sie dennoch etwas beitragen möchten, sollten Sie sich kurz fassen und sich dann wieder auf die Gesprächsleitung konzentrieren.

Bei der Erörterung neuer *Aufgaben* spielt der Gesprächsleiter ebenfalls eine wichtige Rolle. Zunächst muß die Gruppe genau festlegen, wie sie die Aufgabe anpacken will. Danach sorgt der Gesprächsleiter dafür, daß die Marschroute auch eingehalten wird: Hat jeder Gelegenheit, seine Hypothesen oder Vorschläge einzubringen? Werden die Ideen ausreichend diskutiert?

Während der Besprechung müssen Sie als Gesprächsleiter auch darauf achten, daß genügend Informationen vorliegen. Ermuntern Sie die anderen, Fragen zu stellen; berücksichtigen Sie abweichende Meinungen; beruhigen Sie übereifrige Gruppenmitglieder, und stacheln Sie schüchterne an. Auf diese Weise können Sie verhindern, daß die Gruppe zu schnell „eindeutige Lösungen" findet. Auch hier ist es wichtig, zusammenzufassen, Fragen zu stellen und Informationen zu gliedern, um eine chaotische Diskussion zu vermeiden.

Die Besprechung neuer Aufgaben muß zur *Formulierung von Lernzielen* führen. Eine Sitzung der Unterrichtsgruppe war nur dann erfolgreich, wenn sie eine klare Basis für das Selbststudium in den folgenden Tagen erbracht hat.

Wenn Sie zum erstenmal Gesprächsleiter sind, werden Sie feststellen, daß es nicht einfach ist, allen Anforderungen gerecht zu werden. Vielleicht kommen Sie sich vor wie ein Jongleur, der versucht, mehrere Teller auf Stöcken zu balancieren.

Als Anfänger müssen Sie darauf achten, daß Sie nicht zu großen Wert auf einen „reibungslosen" Gesprächsverlauf legen. Beim Gruppentreffen geht es darum, das Wissen auszutauschen, das die Mitglieder erworben haben, und Ideen zu entwickeln, die den Studienprozeß steuern können. Unterschiedliche Meinungen, Vorschläge und Schlußfolgerungen gehören dazu und sind daher oft kein Zeichen mangelnder Fortschritte. Schieben Sie sie daher nicht zu früh beiseite, weil Sie an einem bestimmten Gedankengang oder Verfahren festhalten wollen. Gerade Meinungsverschiedenheiten und die damit verbundene Argumentation machen die Zusammenkünfte der Gruppe lebendig.

Es empfiehlt sich, mit der Unterrichtsgruppe und dem Tutor zu besprechen, was Sie als Gesprächsleiter gut oder weniger gut gemacht haben. Die Reaktionen der anderen können Ihnen helfen, Ihre Fertigkeiten zu verbessern.

Der Tutor wird, vor allem in der Anfangsphase, gelegentlich Fragen stellen oder zusammenfassen, um das Gespräch in Gang zu halten. Manche Gesprächsleiter werten dies als Kritik und überlassen es danach dem Tutor, die weitere Diskussion zu leiten. Es wäre klüger, dem Tutor gut zuzuhören und daraus zu lernen. Wenn sein Beitrag Sie wirklich irritiert, können Sie nach der Sitzung mit ihm darüber reden.

4.8 Gesprächsleiter III: Zusammenarbeit in der Gruppe

Abgesehen von den bisher genannten Aufgaben, deren Zweck es ist, die Diskussionsteilnehmer durch die Arbeit an der Aufgabe zu unterstützen, muß der Gesprächsleiter auch darauf achten, wie die Gruppenmitglieder sich an der Diskussion beteiligen. Eine gute Zusammenarbeit ist nicht selbstverständlich. In einer neuen Gruppe kämpft jeder Teilnehmer mit einer mehr oder weniger großen Unsicherheit: Werde ich mich in dieser Gruppe wohl fühlen? Wird man mich akzeptieren? Wird man ernst nehmen, was ich sage? Werden Offenheit und Vertrauen in der Gruppe herrschen? Kann ich in dieser Gruppe meine Studienziele erreichen?

Mit solchen Gedanken im Hinterkopf beginnen die Gruppenmitglieder zusammen an ihren Aufgaben zu arbeiten, und gleichzeitig suchen sie nach Antworten auf ihre Fragen. Für die Zusammenarbeit in der Gruppe ist es wichtig, daß sie Antworten finden und daß sie ihre Erwartungen miteinander abstimmen. Meist findet eine Gruppe erst nach einigen Sitzungen zu einer mehr oder weniger stabilen Form der Zusammenarbeit.

Als Gesprächsleiter können Sie einen Beitrag zu dieser Entwicklung leisten. Da Sie die Diskussion mit einem gewissen Abstand verfolgen, können Sie besser darauf achten, wie die anderen sich verhalten – ob sie sich wohl fühlen, ob sie Meinungsverschiedenheiten sachlich oder persönlich austragen, und ob sie einander zuhören. Als Gesprächsleiter können Sie beispielsweise Gruppenmitglieder ins Gespräch einbeziehen oder verhindern, daß jemand in der Diskussion „überfahren" wird. Und Sie können Probleme, die das Klima in der Gruppe betreffen, zur Sprache bringen. Auf diese Weise können sie dafür sorgen, daß die Unterrichtsgruppe sich nicht nur mit dem Lernstoff befaßt, sondern sich zudem als Gemeinschaft versteht, die mehr zu bieten hat als Wissen.

In Kapitel 2 haben wir uns bereits mit einigen Verhaltensmustern befaßt, die in einer Unterrichtsgruppe auftreten können. Das Verhalten beeinflußt auch Form und Inhalt der Diskussion: Ein Mitglied meldet sich gerne und oft, ein anderes hört lieber zu, ein drittes ist häufig anderer Meinung.

Der Gesprächsleiter wird mit diesen Verhaltensmustern konfrontiert und er muß dafür sorgen, daß die Diskussion in jedem Fall geordnet verläuft. Das ist durchaus nicht immer einfach. Die Gruppenmitglieder machen es dem Gesprächsleiter, trotz guter Absichten, bisweilen schwer.

Befassen wir uns nun mit einigen möglichen Problemen und mit den Möglichkeiten, die der Gesprächsleiter hat, um die Diskussion wieder in die richtige Bahn zu lenken.

4.8.1   Der Einsilbige

Manche Teilnehmer tragen wenig zur Diskussion bei. Das sagt noch nichts darüber aus, wie sie sich inhaltlich auf die Arbeit in der Gruppe vorbereitet haben. Diese Haltung kann mit der Persönlichkeit oder mit der Erziehung zusammenhängen („Schweigen ist Gold"). Der Grund, warum jemand den Mund hält, muß nicht immer der gleiche sein. Vielleicht ist ein Teilnehmer der Meinung, er habe der Diskussion nichts hinzuzufügen (wobei leider offen bleibt, ob das wirklich der Fall ist), oder ein anderer meldet sich vor ihm und sagt genau das, was er sagen wollte. Natürlich kann es auch sein, daß jemand sich wegen schlechter Erfahrungen nicht traut, etwas zu sagen.

Nur ein Gesprächsleiter, der das Verhalten der anderen gut beobachtet, kann schweigsame Diskussionsteilnehmer auf subtile Weise einbeziehen, indem er auf nonverbale Signale, auf den Inhalt und die Intention der Beiträge achtet, Mitglieder spontan am Gespräch beteiligt, ihnen versichert, daß ihre Beiträge willkommen sind, oder jemandem, der unterbrochen wurde, die Gelegenheit gibt, seine Ausführungen zu beenden.

4.8.2   Der Weitschweifige

Manche Mitglieder einer Unterrichtsgruppe berichten sehr ausführlich über ihre Ideen, Erfahrungen und Erkenntnisse. Ihre Beiträge gehen in einem Wortbrei unter. Ein langer, mühsamer Bericht deutet darauf hin, daß der Betreffende noch Schwierigkeiten mit dem Lernstoff hat. Es ist dann nicht ratsam, ihm einfach das Wort abzuschneiden; er würde sich sonst kritisiert fühlen, die weitere Mitarbeit einstellen oder mit aller Macht versuchen, seinen Standpunkt zu erklären. Wenn ein Student zu weitschweifig ist, kann der Gesprächsleiter versuchen, seinen Bericht zusammenzufassen und dabei die wichtigsten Punkte hervorzuheben: „Jan, wenn ich dich richtig verstanden habe, dann legst du Wert auf folgende zwei Punkte ... Ist das richtig?" Sollte erneut ein unbeholfener Vortrag die Folge sein, ist ein Eingreifen nicht mehr zu vermeiden: „Gut, Jan, ich glaube, Eva möchte auch noch etwas sagen."

4.8.3   Der Sprunghafte

Einige Lernende neigen dazu, allzu schnell zu anderen Themen zu wechseln, die nicht an den besprochenen Stoff anschließen. Oft benutzen sie einen Teil der Diskussion als „Sprungbrett" für das Thema, das ihnen am Herzen liegt. Solche Abschweifungen sind das häufigste Problem in Gruppendiskussionen. Sie verzögern das Gespräch erheblich und verleiten andere dazu, ebenfalls vom Thema abzuweichen. Auf solche Beiträge sollte der Gesprächsleiter nicht inhaltlich antworten; denn in diesem Fall versucht der Betroffene nachzuweisen, daß seine Ausführungen doch etwas mit dem ursprünglichen Thema zu tun haben, und die Folge ist, daß das Gespräch erst recht auf Abwege gerät. Es ist besser, wenn der Gesprächsleiter darauf hinweist, daß vom Thema abgewichen wurde, noch einmal kurz erklärt, worum es geht, und dann fragt, ob noch jemand dazu etwas sagen möchte.

4.9 Arbeiten an Lernzielen – wer tut was?

Lernziele, welche die Unterrichtsgruppe formuliert hat, sind die Richtschnur für das Studium zwischen zwei Zusammenkünften. Eine lebhafte Sitzung kann eine Menge Lernziele hervorbringen, und in diesem Fall muß die Gruppe sich darüber einigen, wie daran gearbeitet werden soll.

Wir wollen zunächst auf die *Aufgabenverteilung* eingehen. Gruppen neigen mitunter dazu, die Arbeit, die zwischen zwei Sitzungen zu bewältigen ist, zu unterteilen und jedem Mitglied einen Teilaspekt anzuvertrauen. Beim folgenden Treffen berichtet dann jeder, was er herausgefunden hat. Eine solche Sitzung gleicht einer Serie von „Minivorlesungen". Diese Methode hat mehrere Nachteile. Vor allem haben die Gruppenmitglieder, von denen ja Zusammenarbeit verlangt wird, plötzlich nichts mehr, worüber sie sprechen könnten – denn jeder ist Spezialist auf einem anderen Gebiet. Über diese Teilgebiete wird meist auch nur wenig diskutiert. Wenn Sie einen Teilnehmer fragen: „Warum gehst du nicht etwas genauer auf dieses Thema ein", erhalten Sie die Antwort: „Was soll ich dazu sagen? Ich habe mich damit nicht beschäftigt, also weiß ich nur wenig darüber."

In solchen Fällen beschränkt sich die Zusammenarbeit darauf, daß ein Teilnehmer den Titel eines Buches nennt oder das Gelesene fragmentarisch zusammenfaßt. Zudem ist die Gruppe in einer ungünstigen Situation: Wenn ein Mitglied abwesend ist oder nicht getan hat, was abgesprochen wurde, fehlt ein Teil der Information, und die Arbeit verzögert sich. Hinzu kommt, daß niemand kontrollieren kann, ob die Information eines Teilnehmers richtig ist; denn er ist der Spezialist, der einzige, der an einem bestimmten Teilaspekt gearbeitet hat.

Es hat also erhebliche Nachteile, wenn einzelne Studenten Teilaufgaben übernehmen und man sollte, wenn irgend möglich, darauf verzichten.

Dennoch ist es mitunter sinnvoll, eine Aufgabenverteilung abzuändern, zum Beispiel wenn sich herausstellt, daß viele Aspekte eines Themas unzureichend behandelt worden sind. Dann sollte man die genannten Risiken jedoch auf ein Minimum beschränken. Dafür gibt es verschiedene Möglichkeiten:

- Alle Gruppenmitglieder studieren die wichtigsten Aspekte des Problems; die Nebenaspekte werden innerhalb aller Mitglieder verteilt.
- Die Gruppe wird in zwei oder mehr Untergruppen aufgeteilt, die sich jeweils auf ein Lernziel konzentrieren. Eine Untergruppe besteht aus mindestens drei Personen, so daß die Informationen besser auf ihre Richtigkeit überprüft werden können.
- Die Gruppe verteilt keine Lernziele, sondern legt fest, wer bestimmte Quellen studiert (sofern diese der Gruppe bekannt sind).

Wichtig ist, daß die Gruppenmitglieder die gemeinsam formulierten Lernziele zum Ausgangspunkt für ihr Selbststudium nehmen, und es ist unerläßlich, daß jeder Student auch an individuellen Lernzielen arbeitet; denn letztlich muß jeder selbst beweisen, daß er den Lernstoff beherrscht. Wenn die Gruppe einen Aspekt für unwesentlich hält, können Sie sich dennoch damit befassen, falls Sie anderer Meinung sind.

Eine einheitliche Arbeitsweise aller Gruppenmitglieder ist keine Voraussetzung für sinnvolle Gruppenaktivitäten: Nicht alle Studenten widmen sich ihrem Studium auf die gleiche Weise. Manche fertigen gerne mehrere Diagramme an, vergleichen die Ansichten verschiedener Autoren, dringen tief in bestimmte Aspekte eines Themas ein; andere haben eine Vorliebe für audiovisuelle Hilfsmittel oder für praktische Aspekte von Problemen. Das alles läßt sich gut in die Aktivitäten der Gruppe einfügen. Allerdings muß die Gruppe dann auf die Wünsche und Möglichkeiten der einzelnen Mitglieder Rücksicht nehmen.

4.10   Fachleute zu Rate ziehen

Natürlich stößt eine Unterrichtsgruppe bisweilen auf Fragen, die sie selbst nach eingehendem Studium der Literatur und gründlicher Diskussion nicht beantworten kann. Der Tutor kann manchmal, aber nicht immer weiterhelfen; denn die Aufgaben im Reader berühren mehrere Fachgebiete, und es kann sein, daß der Tutor sich auf einem bestimmten Gebiet nicht auskennt. In solchen Fällen ist es ratsam, einen Fachmann zu konsultieren, der viel über das Thema weiß.

Nachdem die Gruppe beschlossen hat, einen Spezialisten um Auskunft zu bitten, sind zwei Maßnahmen erforderlich, um seine Informationen optimal zu verwerten. Die Gruppe muß sich überlegen, wen sie zu Rate zieht und wie sie es tut; außerdem müssen die Fragen abgesprochen werden.

Mit Hilfe einer Namensliste von Fachleuten im Reader, einer allgemeinen Liste der Dozenten, des Tutors oder des Blockkoordinators kann die Gruppe herausfinden, welcher Dozent ihre Fragen am besten beantworten kann. Anschließend müssen die Mitglieder besprechen, wie sie vorgehen. Sie können den Dozenten zu einer Zusammenkunft der Gruppe einladen, oder einige Mitglieder nehmen Kontakt zu ihm auf. Das hängt von der Art des Problems ab. Wenn es um ein Thema geht, über das die Gruppenmitglieder sich nicht einig sind oder das ihrer Meinung nach große Bedeutung hat, ist eine Einladung zu empfehlen. Geht es um ein Teilproblem, das zwar gelöst werden muß, aber nicht die Anwesenheit aller erfordert, können einige Mitglieder den Fachmann aufsuchen. Es ist am besten, wenn sie das Gespräch mindestens zu zweit führen, um Informationsverluste möglichst zu beschränken. Zudem muß die Gruppe besprechen, wie die Abgeordneten Bericht erstatten sollen.

Selbstverständlich muß die Gruppe darauf Rücksicht nehmen, daß der Dozent auch andere Verpflichtungen hat. In manchen Unterrichtsblöcken sind Kontakte mit Fachleuten bereits eingeplant, und zwar in Form von Fragestunden. Dann müssen die Mitglieder genau absprechen, wer zu dieser Veranstaltung geht und die Fragen vorlegt.

Wenn die Begegnung mit dem Spezialisten fruchtbar sein soll, muß die Gruppe sich auch über die Formulierung der Fragen einigen. Der Fachmann muß sich ein klares Bild von den Fragen selbst und von ihrem Kontext machen können. Er sollte daher wissen, auf welches Problem in welchem Block die Frage sich bezieht und zu welchen Erkenntnissen die Gruppe beim Studium des Problems gekommen ist. Manchmal braucht der Dozent einige Zeit, um sich vorzubereiten. Wenn er zu einer Sitzung der Gruppe eingeladen wird, sollten Sie ihm vorher sagen, was Sie von ihm erwarten, zum Beispiel eine kurze Vorlesung mit anschließender Diskussion oder ein Unterrichtsgespräch, in dem der Dozent durch Beispiele, Fragen und kurze Informationen der Gruppe hilft, ihr Problem zu lösen.

4.11 Die Tafel

Oft lohnt es sich, bei der Arbeit an Aufgaben eine Tafel zu benutzen. Dann kann ein Mitglied der Gruppe die Problemdefinitionen aufschreiben und die Ideen notieren, die bei der Analyse des Problems vorgetragen werden. Wenn die Gruppe über die Ideen diskutiert, eignet sich die Tafel gut, um Schemata, zum Beispiel von biologischen Prozessen, wiederzugeben. Außerdem ist sie ein ideales Hilfsmittel, wenn Lernziele festgelegt werden müssen. Während der Diskussion notiert der Protokollführer auch die noch zu besprechenden

Themen oder Punkte, die noch einer Klärung bedürfen. Das fördert die Formulierung eindeutiger Lernziele.

Studenten haben sich folgende Methode ausgedacht, die Tafel während der ersten Schritte des Siebensprungs zu nutzen:

Teilen Sie die Tafel in drei Spalten ein. Ganz links werden die Phänomene oder Ereignisse untereinander geschrieben, die erklärt werden müssen. In der mittleren Spalte stehen die dazugehörigen Ideen oder Erklärungen und in der rechten die Lernziele.

Außerdem ist eine Tafel oder ein Flip-Chart ein hervorragendes Hilfsmittel, um die wichtigsten Punkte eines Berichts zu notieren. Schemata und Erklärungen kann der Protokollführer oder der Berichterstatter an die Tafel schreiben. Das macht die Besprechung lebendiger. Die Gruppenmitglieder sehen, was besprochen wird, Zusammenfassungen werden leichter, Absprachen werden klarer, und die Mitglieder neigen weniger zu Wiederholungen, weil alle sehen, was bereits diskutiert wurde.

Einige Tips für den Gebrauch der Tafel:

- Schreiben Sie groß und deutlich.
- Lassen Sie Platz für Ergänzungen.
- Benutzen Sie Stichwörter, die den Kern der Information wiedergeben, und übliche Abkürzungen.
- Versuchen Sie, die Informationen auf der Tafel so gut wie möglich zu ordnen, zum Beispiel mit Zeichnungen und Diagrammen.

4.12 Gruppensitzungen bewerten

Eine Unterrichtsgruppe sollte regelmäßig überprüfen, was sie bisher erreicht hat. Diesen Rückblick auf das, was die Gruppe getan hat, nennt man *Evaluation*. Die Mitglieder der Gruppe und der Tutor überlegen, ob sie ihre Ziele noch erreichen können oder ob Änderungen notwendig sind. Sie analysieren, was ihnen gut oder weniger gut gelungen ist, und versuchen, die Ursache von Schwierigkeiten ausfindig zu machen. Sie erörtern, was sie in Zukunft besser machen können.

Eine Evaluation gibt dem Lernprozeß und der Zusammenarbeit eine Orientierung und bietet den Gruppenmitgliedern Gelegenheit zu sagen, was ihnen am Herzen liegt. Eine fruchtbare Evaluation hat folgende Voraussetzungen:

- Das Thema, das evaluiert werden soll, muß klar sein.
- Jedes Mitglied der Gruppe muß die Möglichkeit haben, seine Meinung zu äußern.
- Die Evaluation muß zu klaren Beschlüssen führen. Es kann dabei um Änderungen von Absprachen, um das Verhalten oder um Regeln gehen.

■ Wenn Änderungen beschlossen werden, müssen deren Auswirkungen bei der folgenden Evaluation besprochen werden.

Wenn eine Unterrichtsgruppe beschließt, ihre Fortschritte zu bewerten, muß daß Thema eindeutig sein. Unklare Fragen, zum Beispiel „Wie findet ihr die heutige Sitzung?" provozieren unklare Antworten. Die Mitglieder wissen dann nicht oder nicht genau, was sie bewerten sollen: die inhaltliche Arbeit am Lernstoff, die Interaktion, die Gesprächsleitung? Solche Unklarheiten führen dazu, daß nur wenige sich angesprochen fühlen. Während einige schon ihre Sachen einpacken, unterhalten sich ein paar andere darüber, „wie es heute war". Mitunter löst eine derart unbestimmte Frage Verwirrung aus: Jedes Mitglied beginnt über ein anderes Thema zu reden, und es ist kaum möglich, innerhalb einer bestimmten Zeit zu Schlußfolgerungen zu kommen. Die Folge ist Frustration, die sich ungünstig auf die folgenden Gruppentreffen auswirken kann.

Am besten wählt man ein oder zwei Themen aus, um einen Eindruck von der Meinung der Gruppenmitglieder zu bekommen. Die Teilnehmer können dann auf die Ideen oder Bedenken der anderen eingehen und auf der Grundlage des Gesprächs Änderungen vereinbaren.

Wenn die inhaltlichen Fortschritte das Thema der Evaluation sind, geht es um die Frage, ob es den Mitgliedern der Gruppe gelungen ist, die Lernziele des Unterrichtsblocks und die eigenen Lernziele zu erreichen. Die Gruppe untersucht, inwieweit die Ergebnisse der Zusammenkünfte den festgelegten Zielen entsprechen. Sind die Informationen an der Tafel sinnvoll, helfen Sie beim Lernen? Wird intensiv genug studiert, und findet jeder den relevanten Lernstoff? Reichen die Qualität und die Quantität des Gelernten aus? Dringt die Gruppe tief genug in den Stoff ein? Hat sich die Arbeit in der Gruppe gelohnt?

Ein solcher Rückblick kann sich auf Berichte über die in der Gruppe verteilten Aufgaben und auf die Arbeit an einem Unterthema aus dem Reader auswirken. Mit Hilfe der Evaluation kann die Gruppe Beschlüsse über die weitere inhaltliche Arbeit und die Ziele fassen.

Natürlich können die Gruppenmitglieder auch ihre Zusammenarbeit bewerten. Dabei geht es weniger darum, was besprochen wurde, sondern eher darum, ob die Aufgaben aus dem Reader methodisch behandelt wurden, ob die Arbeit angemessen verteilt wurde und ob die Planung für kurz- und langfristige Termine sinnvoll war. Außerdem kann man über die inhaltlichen Beiträge der Mitglieder, über das Klima in der Gruppe und über die Beiträge des Tutors und des Gesprächsleiters zum Lernprozeß und zur Zusammenarbeit sprechen.

Wichtig ist, daß auch der Tutor sich an der Evaluation beteiligt. Als Dozent arbeitet er nicht in der Gruppe mit und kann daher ihre Arbeit besser beobachten und Vorschläge machen, die der Gruppe weiterhelfen.

Manchmal ist es sinnvoll, daß jedes Mitglied der Gruppe vor der Evaluation einen kurzen Fragebogen ausfüllt. Auf diese Weise kann jeder seine Meinung äußern, ohne von den anderen beeinflußt zu werden. Anschließend kann man die Ergebnisse an die Tafel schreiben und darüber diskutieren. Im Abschnitt 4.14 finden Sie eine Liste von Fragen, die Ihnen helfen, über die Fortschritte der Gruppe zu sprechen. Natürlich können Sie der Liste auch Fragen hinzufügen.

Was den Zeitpunkt der Evaluation betrifft, so gibt es keine festen Regeln. Er hängt sehr von den Fortschritten der Gruppe und vom Evaluationsbedürfnis der Mitglieder ab. Während des ersten Blocks, der Sie mit dem problemorientierten Unterricht vertraut macht, empfiehlt es sich, die Arbeit am Ende jeder Sitzung zu bewerten. Später ist es meist sinnvoll, nach drei oder vier Zusammenkünften eine Evaluation abzuhalten. Man kann auch zwischendurch eine kurze Evaluation vereinbaren, wenn ein Gruppenmitglied Schwierigkeiten mit der inhaltlichen Arbeit oder mit dem Verfahren hat. Kurz vor oder nach einer Pause ist die beste Zeit für ein solches Time-out.

4.13   Feedback geben

Wenn eine Unterrichtsgruppe ihre Arbeit bewertet, sollte auch über das Verhalten der einzelnen Mitglieder gesprochen werden. Dieses Verfahren nennen wir *Feedback*. Feedback ist eine Mitteilung an eine andere Person, die Informationen darüber enthält, wie wir ihr Verhalten wahrnehmen, verstehen und erleben. Wenn die Mitglieder einer Gruppe während der Evaluation Feedback geben und empfangen, so trägt dies dazu bei, daß sie sich ihres Verhaltens besser bewußt werden und erkennen, wie es sich auf die anderen Mitglieder und die Zusammenarbeit auswirkt. Dadurch lassen sich Mißverständnisse ausräumen, die die Zusammenarbeit stören.

Es ist nicht immer leicht, Feedback zu geben. Sein Umfang und seine Wirkung hängen unter anderem davon ab, ob die Gruppenmitglieder einander vertrauen und ob sie offen zueinander sind. Sicherlich haben Sie schon einmal die Erfahrung gemacht, daß jemand, dem Sie die Auswirkungen seines Verhaltens auf andere erklären wollten, wütend, abweisend, empört oder gar aggressiv reagierte. Das kommt daher, daß uns wir bisweilen, trotz bester Absichten, ungeschickt ausdrücken. Wir beschreiben beispielsweise das Verhalten des anderen sehr pauschal: „Du warst heute sehr autoritär" – worauf der Angesprochene sich allerlei Argumente dafür ausdenkt, daß sein Verhalten durchaus richtig war. Er versucht, sich zu verteidigen, weil wir ein Werturteil über ihn gefällt haben.

Defensives Verhalten ist auch die Folge, wenn die Gefühle desjenigen, dem das Feedback gilt, nicht berücksichtigt werden, zum Beispiel wenn jemand mehrfach erklärt hat, er halte die Zügel straff, weil die anderen so oft abschweiften und niemand ihn ernst nehme. Defensiv reagiert auch, wer das Gefühl hat, belehrt zu werden, etwa durch eine Bemerkung wie „Weißt du noch immer nicht, daß der Gesprächsleiter dafür verantwortlich ist, daß ..."

Wenn Sie defensive Reaktionen vermeiden wollen, müssen Sie versuchen, Rückmeldungen über das Verhalten anderer, nicht mit Werturteilen, vorgetäuschten Gefühlen und Belehrungen zu verknüpfen. Defensive Kommunikation kommt häufig vor und ist schwer zu vermeiden. Ein erster Schritt aus dem Circulus vitiosus ist die Erkenntnis, daß dieses Kommunikationsproblem überhaupt besteht. Wenn Sie Abstand gewinnen und sich auf das Problem konzentrieren, den anderen als gleichwertig zu behandeln und sich in seine Lage versetzen, ist eine konstruktive Kommunikation möglich.

Ein zweiter häufiger Fehler besteht darin, daß das Feedback nicht deutlich macht, wie der andere sich verhält und welche Wirkung sein Verhalten hat. Eine Aussage wie „Du bist so autoritär" kann bedeuten, daß jemand die anderen Gruppenmitglieder häufig unterbricht und seinen Willen durchsetzen möchte. Dieses Verhalten kann beim Feedbackempfänger unterschiedliche Reaktionen auslösen: Er gibt klein bei, zieht sich zurück oder er unterbricht die anderen erneut, um seine Ideen vortragen zu können.

Effektives Feedback, das heißt ein Feedback, das der andere versteht, akzeptiert und vielleicht nutzt, um sein Verhalten zu ändern, setzt voraus, daß beide Parteien sich bemühen, einander zu verstehen, und daß sie an die möglichen Folgen ihres Verhaltens denken. Dazu gehört auch, daß alle imstande und bereit sind, Kritik zu üben und kritisiert zu werden. Notwendig ist schließlich, daß die Mitteilungen konstruktiv sind und der Angesprochene konstruktiv darauf reagiert. Bemühen Sie sich, beschreibend, spezifisch und zweckmäßig zu formulieren, ohne zu verurteilen, zu interpretieren oder zu belehren. Wenn Sie Ihre *eigenen Wahrnehmungen beschreiben*, steht es dem anderen frei, diese Information nach Gutdünken zu nutzen. Zum Beispiel: Ich habe schon einige Male gesehen, daß du Annelies unterbrochen hast, und mich hast du auch mehrmals unterbrochen. Auf mich wirkt das so, daß ich dann gar nichts mehr sage."

Spezifisch bedeutet, nicht zu verallgemeinern. Der Vorwurf, jemand sei autoritär, ist weniger effektiv als die Feststellung: „Als wir einen Beschluß zu diesem Lernziel fassen wollten, hast du den anderen nicht zugehört. Du hast alle unterbrochen, die andere Vorstellungen hatten als du. Ich habe den Mund gehalten, weil ich das Gefühl hatte, nicht gegen dich anzukommen; aber eigentlich war ich damit nicht einverstanden."

Selbstverständlich muß das Feedback auch *zweckmäßig* sein. Wenn Sie jemanden auf Mängel hinweisen, auf die er keinen Einfluß hat, fühlt er sich lediglich frustriert. Ein Hinweis auf positive Aspekte seines Verhaltens kann ihn dagegen ermutigen.

Wenn Sie der Empfänger des Feedbacks sind, sollten Sie konstruktiv reagieren. Versuchen Sie nicht, sich zu verteidigen und ihr Verhalten zu rechtfertigen. Nehmen Sie die Mitteilungen der anderen zur Kenntnis, und lassen Sie sich über deren Reaktionen auf Ihr Verhalten informieren. Überlegen Sie dann, ob Sie diese Wirkungen beabsichtigt haben, und versuchen Sie, wenn nötig, sich anders zu verhalten. Wenn Sie so mit dem Feedback umgehen, tragen Sie dazu bei, das Klima und die Zusammenarbeit in der Gruppe zu verbessern.

4.14 Evaluationsinstrumente für die Unterrichtsgruppe

Auf den folgenden Seiten finden Sie eine kurze Liste mit Fragen, die der Evaluation verschiedener Aspekte des problemorientierten Unterrichts dienen.

Folgende Vorgehensweise ist sinnvoll:

- Überlegen Sie gemeinsam, welche Liste Sie verwenden wollen.
- Füllen Sie die Liste aus, indem Sie durch eine Zahl angeben, wie weit Sie einer Aussage zustimmen. Verwenden Sie dabei die Zahlen 1 bis 5. 1 bedeutet „überhaupt nicht einverstanden", 5 bedeutet „völlig einverstanden".
- Notieren Sie auf einem Blatt Papier zuerst den Buchstaben neben den Ziffern, dann Ihre Zahl.

Wenn alle fertig sind, können Sie die Resultate an die Tafel schreiben und auffallende Ergebnisse besprechen.

1. Wie intensiv arbeiten wir?

A $\boxed{1\,|\,2\,|\,3\,|\,4\,|\,5}$ Ich nehme mir genügend Zeit für das Studium der Lernziele.

B $\boxed{1\,|\,2\,|\,3\,|\,4\,|\,5}$ Wenn mir nicht gleich etwas einfällt, warte ich, bis die anderen die Antwort geben.

C $\boxed{1\,|\,2\,|\,3\,|\,4\,|\,5}$ Ich bereite mich inhaltlich immer sorgfältig auf den Bericht vor.

D $\boxed{1\,|\,2\,|\,3\,|\,4\,|\,5}$ Wir geben uns zu schnell mit bestimmten Lösungen oder Erklärungen zufrieden.

E $\boxed{1\,|\,2\,|\,3\,|\,4\,|\,5}$ Ich glaube, die anderen Gruppen sind schon weiter.

F $\boxed{1\,|\,2\,|\,3\,|\,4\,|\,5}$ Ich lerne viel von den Beiträgen der anderen.

G $\boxed{1\,|\,2\,|\,3\,|\,4\,|\,5}$ Dies ist eine produktive Gruppe.

H $\boxed{1\,|\,2\,|\,3\,|\,4\,|\,5}$ Alle Mitglieder tragen zu den inhaltlichen Fortschritten bei.

2. Wie arbeiten wir an den Aufgaben?

A [1 | 2 | 3 | 4 | 5] Wir arbeiten mit einer klaren Tagesordnung.

B [1 | 2 | 3 | 4 | 5] Tagesordnungspunkte werden tatsächlich behandelt.

C [1 | 2 | 3 | 4 | 5] Alle halten sich an die Absprachen.

D [1 | 2 | 3 | 4 | 5] Die Analyse neuer Aufgaben ist zu oberflächlich.

E [1 | 2 | 3 | 4 | 5] Wir haben klare Lernziele formuliert.

F [1 | 2 | 3 | 4 | 5] Die Berichte über die Lernziele enthalten für mich wenig Neues.

G [1 | 2 | 3 | 4 | 5] Wir schweifen oft vom Thema ab.

H [1 | 2 | 3 | 4 | 5] Ich finde es gut, wie wir Beschlüsse fassen.

3. Wie ist die Zusammenarbeit?

A [1 | 2 | 3 | 4 | 5] Die Teilnehmer hören einander zu.

B [1 | 2 | 3 | 4 | 5] Ich kann meine Meinung sagen.

C [1 | 2 | 3 | 4 | 5] Wir vertrauen einander.

D [1 | 2 | 3 | 4 | 5] Auf die Meinungen einiger Mitglieder wird nicht genügend eingegangen.

E [1 | 2 | 3 | 4 | 5] Die anderen motivieren und ermuntern mich.

F [1 | 2 | 3 | 4 | 5] Ich fühle mich in dieser Gruppe wohl.

G [1 | 2 | 3 | 4 | 5] Die Mitglieder sind aufgeschlossen für andere Meinungen.

H [1 | 2 | 3 | 4 | 5] Die Mitglieder sind bereit, Meinungsverschiedenheiten beizulegen.

4. Das vorhandene Unterrichtsmaterial

A [1 | 2 | 3 | 4 | 5] Der Reader ist klar gegliedert.

B [1 | 2 | 3 | 4 | 5] Die Aufgaben regen zur Diskussion an.

C [1 | 2 | 3 | 4 | 5] Der Reader bietet hinreichend Gelegenheit, Änderungen vorzunehmen.

D [1 | 2 | 3 | 4 | 5] Der Reader ist abwechslungsreich.

E [1 | 2 | 3 | 4 | 5] Die Aufgaben lassen genügend Spielraum für Eigeninitiative.

F [1 | 2 | 3 | 4 | 5] Die Aufgaben regen mich zu weiteren Analysen und Studien an.

G [1 | 2 | 3 | 4 | 5] Mit Hilfe des Readers verstehe ich die wichtigen Themen dieses Blocks.

H [1 | 2 | 3 | 4 | 5] Mit Hilfe von Büchern und anderen Lernmitteln kann ich gut an den Lernzielen arbeiten.

5. Der Gesprächsleiter

A [1|2|3|4|5]   Der Gesprächsleiter hat sich an die Tagesordnung gehalten.

B [1|2|3|4|5]   Der Gesprächsleiter hat die Gruppe ermuntert, bei der Behandlung von Aufgaben klare Entscheidungen zu treffen.

C [1|2|3|4|5]   Der Gesprächsleiter hat regelmäßig zusammengefaßt.

D [1|2|3|4|5]   Der Gesprächsleiter hat Abschweifungen vom Thema verhindert.

E [1|2|3|4|5]   Der Gesprächsleiter hat die Diskussion dominiert.

F [1|2|3|4|5]   Der Gesprächsleiter ist zu wenig auf die Beiträge der Mitglieder eingegangen.

G [1|2|3|4|5]   Der Gesprächsleiter sorgte für ein klares Verfahren, wenn Probleme besprochen wurden.

H [1|2|3|4|5]   Der Gesprächsleiter sorgte dafür, daß die Gruppe klare Lernziele formulierte.

6. Der Tutor

A [1|2|3|4|5]   Der Tutor fördert die inhaltlichen Fortschritte der Gruppe.

B [1|2|3|4|5]   Der Tutor hilft uns, inhaltliche Zusammenhänge zu erkennen.

C [1|2|3|4|5]   Der Tutor beschreibt gut, wie wir zusammenarbeiten.

D [1|2|3|4|5]   Der Tutor zeigt uns die richtige Richtung, wenn wir über die Themen des Blocks nachdenken.

E [1|2|3|4|5]   Der Tutor überläßt uns zuviel.

F [1|2|3|4|5]   Der Tutor erklärt uns so viel, daß ich weniger arbeite.

G [1|2|3|4|5]   Der Tutor bietet uns verschiedene Alternativen an, so daß wir eine Wahl treffen können.

H [1|2|3|4|5]   Der Tutor baut auf unserem Wissen über den Lernstoff auf.

7. Die Zusammenfassung

A [1|2|3|4|5]   Die Zusammenfassungen waren kurz.

B [1|2|3|4|5]   Die Zusammenfassungen spiegelten die verschiedenen Meinungen wider.

C [1|2|3|4|5]   Die Zusammenfassungen waren zutreffend.

D [1|2|3|4|5]   Der Zeitpunkt für die Zusammenfassungen war gut gewählt.

E [1|2|3|4|5]   Die Zusammenfassungen haben Ordnung in die Diskussion gebracht.

F [1|2|3|4|5]   Die Zusammenfassungen wurden durch visuelle Hilfsmittel unterstützt.

G ☐1☐2☐3☐4☐5☐ Die Diskussionen wären produktiver gewesen, wenn man öfter eine Zusammenfassung gegeben hätte.

H ☐1☐2☐3☐4☐5☐ Nach einer Zusammenfassung hatte die Gruppe Gelegenheit, die Ausführungen zu ergänzen.

5 Individuelle Studienfertigkeiten

5.1 Einleitung

Der problemorientierte Unterricht verlangt viel Selbständigkeit beim Studium. Für das Selbststudium steht meist mehr Zeit zur Verfügung als bei anderen Unterrichtssystemen. In den vorangegangenen Kapiteln haben wir bereits über die gemeinsamen Aktivitäten gesprochen; sie bilden die Grundlage für das Selbststudium. Wie man es auch dreht und wendet – Lernen ist letztlich ein individueller Vorgang, und jeder muß sich dabei selbst anstrengen. Jeder Mensch besitzt natürlich eine beträchtliche Erfahrung im Lernen. Wir wollen uns darum in diesem Kapitel vor allem mit jenen Aspekten des Selbststudiums befassen, die mit dem problemorientierten Unterricht zusammenhängen und daher für die meisten Menschen neu sind.

Der problemorientierte Unterricht stellt in mancher Hinsicht andere Anforderungen als das individuelle Lernen, und es ist wichtig, sie zu kennen und einen eigenen Arbeitsstil zu entwickeln.

Kennzeichnend für das Selbststudium im problemorientierten Unterricht ist der Umstand, daß bestimmte Fragestellungen (die Lernziele) die Grundlage für das Lernen bilden. Dabei werden verschiedene Informationsquellen benutzt. Diese Arbeitsweise weicht vom Üblichen ab; denn man arbeitet nicht systematisch ein bestimmtes Lehrbuch durch. Im problemorientierten Unterricht arbeiten Sie sich gewissermaßen kreuz und quer durch die Fachliteratur. Den Zusammenhang zwischen den Informationen, die Sie finden, müssen Sie selbst entdecken: Auf dieser Basis arbeiten Sie daran, Wissen über das gewählte Studienfach zu erwerben. Im Laufe des Studiums müssen Sie daher eine Vorstellung von der Struktur des Fachgebietes, von den Disziplinen, die mit ihm zusammenhängen, und von den dazugehörigen wichtigen Theorien und Prinzipien entwickeln.

In diesem Kapitel erörtern wir einige Hilfsmittel, die Sie verwenden können, um Ordnung in Ihr Selbststudium zu bringen. Wir gehen nicht nur darauf ein, wie Sie den Lernstoff auswählen und studieren können, sondern auch darauf, wie Sie einen *Studienplan* erstellen, ein *Dokumentationssystem* benutzen und sich auf *Prüfungen* und *Zwischenprüfungen* vorbereiten können.

In diesem Buch können wir auf einige Themen nur kurz eingehen. Nach diesem Kapitel finden Sie daher eine Liste mit empfehlenswerter Literatur, die weitere Informationen und Anleitungen zu bestimmten Themen enthält.

Es dauert einige Zeit, eine gute Lernstrategie zu entwickeln, die zum Unterrichtssystem paßt. Dieses Buch will Ihnen zu einem guten Start verhelfen; aber es ist ratsam, im Laufe der Zeit die Arbeitsweise immer wieder kritisch zu überprüfen; denn es könnte sein, daß die Anforderungen, die an Sie gestellt werden, sich ändern und Sie Ihre Arbeitsweise umstellen müssen. Wenn Sie auf diese Weise „Lernen lernen", profitieren Sie auch in Ihrem künftigen Beruf davon, da Berufe sich ebenfalls schnell verändern.

5.2 Die Auswahl des Studienmaterials

Wenn Sie an Lernzielen arbeiten, müssen Sie neue Informationen suchen. Meist wird in einer Aufgabe nicht auf das Kapitel eines Buches verwiesen; Sie müssen sich also selbst entscheiden. Die Frage ist nur: wie?

Zunächst sollten Sie sich darüber im klaren sein, daß Sie verschiedene Quellen heranziehen oder mehrere Kapitel eines Buches lesen müssen, um die Fragen zu beantworten, die Sie sich gestellt haben. Neben Büchern und Zeitschriften gibt es zum Beispiel noch Videobänder, Computersimulationen und Dozenten.

Überlegen Sie genau, wonach Sie suchen, und lassen Sie sich nicht durch andere Informationen ablenken, auf die Sie zufällig stoßen. Sie können die Suche vereinfachen, wenn Sie einige Fachausdrücke aus dem betreffenden Gebiet parat haben, die Ihnen als Stichworte dienen. Wenn Sie mit der Terminologie vertraut sind, ist es einfach, die benötigte Literatur zu finden. Ein *Wörterbuch* oder eine *Enzyklopädie* kann Ihnen die Begriffe liefern, die Sie brauchen.

Am Anfang des Lernprozesses ist es schwierig, ohne Unterstützung allerlei Entscheidungen zu treffen. Darum nennt der Reader meist einige wichtige Bücher und andere Lernmittel für Anfänger. Manchmal steht auch eine Artikelsammlung zur Verfügung. Verwerten Sie zuerst diese Quellen.

Meistens gibt es auch eine Liste mit Literaturempfehlungen für diese Phase des Studiums. Wenn Sie die genannten Bücher nicht selbst kaufen, können Sie sie mit Hilfe der Liste in der Bibliothek finden.

Außerdem besitzen die Fachbibliotheken einen Katalog – oft auch als Computerdatenbank – mit diversen Suchmöglichkeiten. Informationen zu suchen und zu finden ist eine wichtige Fertigkeit, und das Ordnen der Literatur ist ein Teil davon. Zudem verschafft Ihnen das Suchen mit der Zeit einen besseren Überblick über Ihr Fachgebiet und über die Bücher, die brauchbare Informationen enthalten. Daher ist es auch wichtig, schnell zu lernen, wie Sie mit Hilfe des Katalogs Literatur finden. Lesen Sie die Anleitungen, die in der Bibliothek ausliegen, und zögern Sie nicht, um Hilfe zu bitten, wenn Sie Schwierigkeiten haben.

In vielen Bibliotheken besteht die Möglichkeit, Zeitschriftenartikel am Computermonitor zu lesen oder Informationen über das Internet abzurufen. Machen Sie sich mit den Suchprogrammen vertraut.

Wenn Sie einige Quellen gefunden haben, müssen Sie feststellen, ob Sie darin Antworten auf Ihre Fragen finden. Es ist nicht sinnvoll, ein ganzes Buch durchzulesen und dann zu entdecken, daß es Sie nicht weitergebracht hat.

Versuchen Sie, innerhalb von 5 bis 10 Minuten zu beurteilen, ob ein Buch oder Artikel für Sie geeignet ist.

Die folgenden Tips können Ihnen bei der Informationsauswahl helfen:

- Prüfen Sie, wovon das Buch handelt und wer es geschrieben hat. Lesen Sie den Titel, den Klappentext und das Vorwort oder eine Zusammenfassung. Als Anfänger suchen Sie häufig Quellen, die in ein bestimmtes Thema einführen. Bezeichnungen wie „Lehrbuch", „Einführung" oder „für Studenten" sind Hinweise darauf.
- Ist das Buch auf dem neusten Stand? Meist brauchen Sie Informationen neueren Datums. Mit Büchern, die älter als zehn Jahre sind, sollten Sie vorsichtig umgehen.
- Prüfen Sie, welche Seiten die benötigten Informationen enthalten könnten. Ziehen Sie dafür das Register, das Schlagwortverzeichnis und die Inhaltsangabe heran. Bei Artikeln, die keine Zusammenfassung enthalten, können Sie die Überschriften der Abschnitte lesen.
- Lesen Sie die erste Seite des ausgewählten Teils. Das ist wichtig, um herauszufinden, ob Sie den Ausführungen folgen können. Wenn nicht, sollten Sie eine andere Quelle verwenden.

5.3 Der Umgang mit Texten

Wenn Sie wissen, ob es sich lohnt, ein Buch oder einen Artikel zu lesen, kommt der wichtigste Teil des Studiums: die Verarbeitung des Lernstoffs. Natürlich sind Sie vor allem daran interessiert, mit Hilfe eines Textes Ihr Lernziel zu erreichen. Nachdem Sie einen längeren Text, etwa ein Kapitel oder einen Artikel ausgewählt haben, verschaffen Sie sich am besten einen Überblick über den Inhalt. Dabei gehen Sie wie folgt vor:

- Lesen Sie die Zusammenfassung am Anfang oder Ende des ausgewählten Teils.
- Lesen Sie die Überschriften der Abschnitte, und achten Sie auf hervorgehobene Passagen.
- Betrachten Sie Tabellen, Schemata und Abbildungen.

Wenn Sie nach dieser Vorbereitung der Ansicht sind, daß Sie sich auf dem richtigen Weg befinden, können Sie den Text studieren. Betrachten Sie die folgenden Schritte nicht als Zeitverlust. Sie besitzen nämlich bereits einen allgemeinen Eindruck vom Inhalt des Textes, und Sie haben ein Ziel vor Augen. Das vereinfacht die weitere Arbeit mit dem Text.

Während des Lesens sollten Sie sich regelmäßig fragen, ob die Information Ihnen hilft, das Problem zu lösen. Es geht nicht darum, in der nächsten Sitzung Ihrer Unterrichtsgruppe ein paar Erklärungen oder Auskünfte zu geben; sie müssen wichtige Informationen auch im Gedächtnis behalten und notieren, damit Sie später darauf zurückgreifen können. Sie dürfen sich also nicht damit zufriedengeben, daß Sie die Antwort gefunden haben, sondern müssen sich das Wissen zu *eigen machen*. Auch im problemorientierten Unterricht ist es wichtig, Texte gründlich zu studieren, um den Inhalt zu verstehen und zu behalten. Aktives Lernen erleichtert dieses Vorhaben, und das problemorientierte Lernen schafft dafür die Voraussetzungen. Lernen (d. h. Wissen erwerben, speichern und abrufen) ist innerhalb eines bestimmten Kontexts, also verbunden mit einer bestimmten Fragestellung, besonders effektiv. Wenn Sie bei der Analyse eines Problems Ihre Vorkenntnisse aktivieren, wenn Sie ein Lernziel haben und den Lernstoff selbst auswählen, können Sie den neuen Stoff besser verarbeiten.

Es gehört zur aktiven Verarbeitung des Lernstoffs, daß Sie überprüfen, ob Sie das Gelesene verstanden haben und ob es Ihnen hilft, das Problem (das Lernziel) besser zu verstehen. Das bedeutet, daß Sie nicht nur nach der richtigen Antwort auf eine konkrete Frage suchen, sondern das Lernziel als Tür zu Teilen eines Fachgebietes betrachten, die Sie durch sinnvolles Studium der Literatur öffnen. Wenn Sie sich auf der Grundlage der gelesenen Texte selbst Fragen stellen, können Sie tiefer in den Lernstoff eindringen. Sie können zum Beispiel überlegen, ob die Erklärungen im Text mit dem übereinstimmen, was Sie in der Unterrichtsgruppe bereits besprochen haben. War die Gruppe auf der richtigen Spur? Gibt es neue Erklärungen? Gibt es in der Literatur verschiedene Ansichten zum Thema (das kommt häufiger vor, als Sie denken)? Haben Sie die Fachausdrücke verstanden? Können Sie der Argumentation folgen? Sind Sie nach der Lektüre in der Lage, den Inhalt des Textes mit eigenen Worten zusammenzufassen?

Wenn Sie etwas nicht verstehen, suchen Sie im Text nach Erläuterungen. Manchmal müssen Sie ein anderes Buch zu Rate ziehen. Sollte das nicht gelingen, schreiben Sie möglichst genau auf, was Ihnen unklar ist, damit Sie beim Bericht in dér Gruppe darauf zurückkommen können.

Vor allem zu Beginn des Studiums wird es Ihnen bisweilen schwerfallen zu entscheiden, wie tief Sie in ein Thema eindringen sollen. Während des Lesens tauchen stets neue Begriffe und Erklärungen auf, denen Sie wiederum nachgehen können. Mitunter werden Sie den Eindruck haben, als müßten Sie wegen eines einzigen Lernziels die gesamte Fachliteratur durcharbeiten. Das ist selbstverständlich nicht Sinn der Sache; aber es ist schwierig, klare Richtlinien zu geben. Sie können jedoch davon ausgehen, daß diejenigen, die für den Unterrichtsblock verantwortlich sind, die Zeit zwischen den Zusammenkünften der Gruppe berücksichtigen. Zudem können Sie aus den Prüfungen schließen, was von Ihnen verlangt wird.

5.4 Notizen und Schemata

Wir haben bereits mehrfach darauf hingewiesen, daß *Notizen* ein wichtiges Hilfsmittel für das Lernen sind. Sie helfen Ihnen nicht nur, den Lernstoff aktiv zu verarbeiten, sondern sie sind auch notwendig, um vor der Unterrichtsgruppe einen guten Bericht abzugeben. Außerdem können Sie damit festhalten, was Sie in einem Text wichtig finden, so daß Sie später darauf zurückgreifen können. Notizen können Sie nicht nur während des Studiums von Texten machen, sondern auch in der Gruppe, während eines Gesprächs mit einem Fachmann sowie in Praktika und Vorlesungen.

Im Laufe der Zeit werden Sie eine Menge Aufzeichnungen anfertigen. Um dieses Material zu ordnen, sollten Sie für jedes neue Thema einen neuen Bogen Papier verwenden. Gewöhnen Sie es sich an, oben auf dem Blatt das Thema und das Datum, den Block und die Aufgabe anzugeben, zum Beispiel: „Block 1.1, Aufgabe 14". Halten Sie auch den Titel, den Autor und die Fundstellen der Texte fest, auf die Ihre Notizen sich beziehen.

Was Sie aufschreiben, hängt vor allem von Ihnen selbst ab. Es ist natürlich sinnlos, längere Texte abzuschreiben: beschränken Sie sich auf die Hauptgedanken, Definitionen, wichtige Zahlen, Erklärungen von Fachausdrücken und einfache Zeichnungen oder Grafiken.

Ein *Schema oder Diagramm,* das die wichtigsten in einem Text enthaltenen Begriffe und ihren Zusammenhang graphisch wiedergibt, ist ein Hilfsmittel, mit dem Sie komplizierte Sachverhalte verdeutlichen können. Ein Schema ist auch ein guter Ausgangspunkt für einen Bericht in der Unterrichtsgruppe. Wenn Sie ein Schema anfertigen, können Sie wie folgt vorgehen:

- Suchen Sie die wichtigsten Begriffe im Text, und notieren Sie sie.
- Stellen Sie einen Zusammenhang zwischen diesen Begriffen her.
- Ordnen Sie die Begriffe in Form eines Schemas. Wählen Sie zunächst einen oder mehrere Hauptbegriffe als Ausgangspunkt. Verwenden Sie die Symbole, die Sie im Kasten 22 finden. Umranden Sie jeden Begriff.
- Lassen Sie im Schema genügend Platz für Ergänzungen.
- Bemühen Sie sich um eine klare Struktur (z. B. durch eine Hierarchie), und verwenden Sie einen Begriff nur einmal.
- Verwenden Sie keine langen Wellenlinien.
- Versuchen Sie, das Schema zu vereinfachen, indem Sie Begriffe und Beziehungen verbinden.

Wenn Sie einen Computer besitzen, können Sie Schemata mit einem Grafikprogramm anfertigen. Es gibt übrigens auch spezielle Programme dafür.

Kasten 22
Symbole, die
Beziehungen
angeben

Kortikosteroide, die Hormone der Nebennieren (aber auch ihre synthetischen Varianten), haben früher bei Kindern, die wegen Leukämie behandelt wurden, zu ernsten Wachstumsstörungen geführt. Heute weiß man, daß sie Veränderungen im Knorpel (einem Wachstumsgewebe am Ende eines Knochens) bewirken und Vitamin D unwirksam machen. Die Folge ist eine geringere Resorption von Kalzium im Darm.

Nebennieren ⟶ Kortikosteroide ⟶ Wachstumsverzögerung

Neutralisation von Vitamin D   Veränderung des Knorpels

Symbol	*Beschreibung*
⟶	dynamische Beziehung
——	statische Beziehung
⹀	Ähnlichkeit
⟷	Wechselwirkung

geringere Kalziumresorption

⤍
⤍   } fehlende Beziehung
⟷

(Quelle: Mirande, *Studeren door schematiseren*, Utrecht 1981)

5.5 Fremdsprachige Texte

In vielen Zusammenhängen werden auch fremdsprachige Texte verwendet. Wenn Sie also Informationen in der Literatur suchen, werden Sie immer wieder auf Bücher stoßen, die in englischer oder französischer Sprache geschrieben sind. Der Umgang mit fremdsprachigen Texten ist für den späteren Beruf oft notwendig, weil wichtige Teile der Fachliteratur und der Fachzeitschriften in diesen Sprachen verfaßt sind.

Wenn Sie fremdsprachige Literatur studieren, brauchen Sie in der Regel mehr Zeit, sofern Sie die Sprache nicht fließend beherrschen. Manchmal verstehen Sie eine Passage nur mit Mühe oder gar nicht. Sie müssen sich auch damit abfinden, daß es etwas anderes ist, einen englischen Roman zu lesen, als ein englisches Fachbuch zu studieren. Das liegt an der fremden Sprache und an den Fachausdrücken; aber Sie müssen auch den Inhalt mit dem Wissen verbinden, das Sie über ein Thema bereits besitzen. Nachdem Sie eine Passage übersetzt haben, müssen Sie sich daher fragen, was Sie von der neuen Information haben.

Wenn Sie zum erstenmal mit fremdsprachigen Studientexten arbeiten, werden Ihnen die folgenden Tips von Nutzen sein.

Besorgen Sie sich ein gutes Wörterbuch. Kleinere Wörterbücher enthalten nicht immer die Fachausdrücke, die Sie brauchen. In der Bibliothek finden Sie neben großen Wörterbüchern auch Fachwörterbücher.

Bei der Suche nach Wörtern sollten Sie zwei Extreme vermeiden:

1. Suchen Sie nicht alles, was Sie nicht genau verstehen, sonst sind Sie derart mit Übersetzen beschäftigt, daß Sie nicht mehr zum Studieren kommen.
2. Versuchen Sie nicht, alles zu erraten, sonst schreiben Sie das Buch um, und die Gefahr, daß Sie dabei Fehler machen, ist groß.

Wenn Sie einen Satz nicht verstehen, suchen Sie ein Wort im Wörterbuch. Sollten Sie mehrere Wörter in einem Satz nicht kennen, suchen Sie zuerst das Verb, dann Substantive und, falls notwendig, weitere Wörter.

Schreiben Sie die Bedeutung der Fachausdrücke auf eine separate Liste. Es ist einfacher, später in dieser Liste nachzusehen als ein Wort erneut im Wörterbuch zu suchen.

Wenn Ihr Wortschatz in einer fremden Sprache sehr begrenzt ist, können Sie auch eine Liste anderer häufig vorkommender Wörter anlegen.

Wenn Sie so vorgehen, kostet das natürlich Zeit. Sie lernen etwas über Ihr Fach *und* Sie lernen eine Fremdsprache besser kennen. Beides müssen Sie gut auseinanderhalten. Einen Text, den Sie mit Hilfe eines Wörterbuches übersetzt haben, müssen Sie anschließend noch *studieren*. Sie müssen herausfinden, welche Informationen der Text über Ihr Thema enthält. Entscheidend ist und bleibt der Erwerb von Wissen über das Fachgebiet.

Wenn Sie merken, daß das Studium fremdsprachiger Texte Ihnen merklich schwerer fällt als anderen Studenten, sollten Sie versuchen, die Sprache besser zu lernen. Nehmen Sie sich etwas mehr Zeit für den Studientext, und lesen Sie einen Roman, eine Zeitung oder eine Zeitschrift in der Fremdsprache. In einer fremden Sprache zu lesen ist übrigens eine der besten Empfehlungen, die man Ihnen geben kann.

5.6   Die Dokumentation des Lernens

Der problemorientierte Unterricht bringt es mit sich, daß Sie aus verschiedenen Quellen, Wissen über verschiedene Themen schöpfen. Sie werden selten ein Buch von vorne bis hinten lesen; meist studieren Sie ein oder zwei Kapitel und nehmen dann ein anderes Buch zur Hand. Darum ist es notwendig, daß Sie den Überblick über Ihr bisheriges Studium behalten. Selbstverständlich können Sie während eines Unterrichtsblocks oft im Gedächtnis behalten, was Sie über ein bestimmtes Thema gelesen haben und bei welcher Aufgabe Sie Notizen zu einem bestimmten Thema gemacht haben. Nach mehreren Blöcken haben Sie sich jedoch mit so vielen Themen befaßt, daß Ihr Gedächtnis Sie manchmal im Stich läßt.

Es ist sehr wichtig, daß Sie Informationen wiederfinden können; denn wenn Sie eigene Aufzeichnungen noch einmal durchsehen oder einen bekannten Text erneut lesen, können Sie Ihr Wissen leichter aktivieren. Außerdem prägt sich das Gelesene dann besser im Gedächtnis ein.

Ein Dokumentationssystem soll Ihnen helfen, den *Überblick* über die Informationen zu behalten, die Sie im Laufe der Zeit gesammelt haben. Das gelingt nur, wenn die Informationen so geordnet sind, daß Sie sie ohne große Mühe wiederfinden.

Eine eigene *Handbibliothek*, bestehend aus Büchern, die Sie immer wieder brauchen, bildet das Fundament Ihres Dokumentationssystems. Im problemorientierten Unterricht kommen Sie nicht mit ausgeliehenen Büchern (und vielleicht noch ein paar Fotokopien) aus. Eigene Bücher stehen Ihnen immer zur Verfügung, und Sie können darin kurze Notizen machen. Nach einiger Zeit wissen Sie, wie häufig benutzte Bücher aufgebaut sind, und es kostet Sie weniger Mühe, Ihr Dokumentationssystem auf dem Laufenden zu halten. Bücher für das Studium sind also eine lohnende Investition.

Ihr persönliches Dokumentationssystem besteht außerdem aus Readern, Sonderdrucken, Ihren Aufzeichnungen zu den einzelnen Themen, Prüfungsergebnissen und anderem Material, das für Ihr Studium Bedeutung hat (zum Beispiel Hausarbeiten).

Ein Dokumentationssystem muß gut geordnet sein. Es gibt viele Arten von Ordnungssystemen. Im Idealfall sollten Sie über ein System verfügen, in dem Sie mit Hilfe von Schlagworten alles finden, was Sie zu einem Thema gesammelt haben. Natürlich können Sie auch eine elektronische Datenbank erstellen. Solche ausgeklügelten Systeme haben allerdings einen Nachteil: ihre Erstellung ist mühsam und zeitraubend. Sie müssen vom ersten Tag an ein deutliches Bild von den Schlagworten haben, die Sie benutzen wollen (ein Schlagwort darf beispielsweise nicht für verschiedene umfangreiche Themen stehen). Außerdem müssen Sie nach dem Studium eines Lernstoffes immer Schlagworte notieren und in das System einfügen.

Die Energie, die Sie für das Ordnen des Systems aufwenden, müssen Sie gegen die Vorteile abwägen, die das System Ihnen bietet. Auf eine gewisse Ordnung müssen Sie natürlich achten, da Sie andernfalls zuviel Zeit mit der Suche nach Informationen verlieren.

In der Praxis denken sich Studenten allerlei Lösungen aus, die Brauchbarkeit mit möglichst geringem Energieaufwand zu verbinden. Die Systeme sind deshalb unvollkommen, und der Benutzer muß fehlende Daten seinem Gedächtnis entnehmen.

Wie ein solches System am besten erstellt werden kann, hängt von persönlichen Vorlieben und Gewohnheiten ab. Wichtig sind auch das Unterrichtsprogramm und die Struktur des Fachgebietes. Detaillierte Anleitungen sind daher nicht möglich; aber die nachfolgenden Beispiele zeigen Ihnen, wie andere Studenten ihr Dokumentationssystem ordnen.

5.6.1 Ordnen nach Unterrichtsblöcken

Viele Systeme basieren auf der Tatsache, daß man sich oft recht gut daran erinnern kann, in welchem Block ein bestimmtes Thema behandelt wurde. Alle losen Informationen (Notizen, Kopien, Prüfungsergebnisse), die einen bestimmten Block betreffen, sammeln Sie in einer separaten Mappe oder in einem Ringbuch. Manche notieren im Reader bei der betreffenden Aufgabe, welches Material verfügbar ist. Außerdem können Sie eine Inhaltsübersicht mit einheften.

5.6.2 Ordnen nach Themen

Diese Systeme basieren auf Schlagworten. Wenn das Material umfangreich ist, hält ein Kartensystem fest, wo die Informationen sich befinden. Bei einfacheren Varianten sind die Informationen in separaten Mappen nach Themen geordnet.

5.6.3   Mischformen

Manche Menschen ordnen den Stoff nach Unterrichtsblöcken, heften die Informationen zu einem bestimmten Thema jedoch in der Mappe desjenigen Blocks ab, in dem das Thema zuletzt behandelt wurde.

Mitunter wird die Information über bestimmte Themen mit bestimmten Studienbüchern verknüpft. Kurze Notizen im Buch weisen dann auf die Mappen hin, die ergänzende Informationen enthalten.

5.7   Lernplanung

Wir haben bereits mehrfach erwähnt, daß der problemorientierte Unterricht hohe Anforderungen an die Selbständigkeit stellt. Wenn Sie dieser Unterrichtsform zum erstenmal begegnen, haben Sie wahrscheinlich den Eindruck, daß Sie sehr viel Zeit für sich selbst haben. In einem gewissem Sinn stimmt das, weil Sie weniger Zeit im Unterricht verbringen. Meist sind in einem Unterrichtsblock pro Woche zwei Gruppentreffen von je zwei Stunden Dauer (sowie Praktika und Vorlesungen in Studiengängen) vorgesehen.

Ein Teil der Woche steht Ihnen also zur freien Verfügung – diese Zeit ist für das Selbststudium bestimmt. Unterrichtsprogramme an der Hochschule gehen von einer Studienbelastung von etwa 40 Wochenstunden aus. Natürlich sind in der Praxis auch Varianten möglich; aber es ist vernünftig, wenn Sie sich an diesen Angaben orientieren.

Bei der Entscheidung, wieviel Zeit Sie für das Selbststudium opfern wollen, haben Sie Freiheit. Der zeitliche Abstand zwischen zwei Zusammenkünften der Unterrichtsgruppe sollte Ihnen dabei als Richtschnur dienen. Man erwartet von Ihnen, daß Sie jede Woche an den Lernzielen arbeiten, und dafür ist eine Art Rhythmus notwendig. Selbstverständlich müssen Sie auch an Vorlesungen, Praktika und andere Pflichtveranstaltung denken. Zudem gibt es Verpflichtungen, die Sie nicht in einem oder zwei Tagen erfüllen können, etwa eine Hausarbeit.

Wir raten Ihnen, zu Beginn eines Unterrichtsblocks einen Rahmenplan zu erstellen, damit Sie keine unangenehmen Überraschungen erleben. Wie die Planung genau aussieht, hängt im wesentlichen von Ihnen ab. Manche Menschen arbeiten gerne am Morgen, andere spät abends. Außerdem sind persönliche Umstände zu berücksichtigen, zum Beispiel Arbeitsbelastung, Freundeskreis, sportliche Aktivitäten, die Notwendigkeit, Geld zu verdienen, und der Wunsch, ein freies Wochenende zu haben.

Eine Rolle spielen auch die Verfügbarkeit von Studienmaterial – z. B. Büchern in der Bibliothek –, und so weiter. Manchmal werden Sie Ihre Planung ändern müssen. Achten Sie auch darauf, daß Sie nicht zuviel Zeit im Bus oder im Auto verbringen.

Die ersten Wochen sind zweifellos anstrengend. Ihr Ziel sollte sein, beim Selbststudium eine gewisse Regelmäßigkeit zu erreichen.

Es gibt eine gute Möglichkeit, Ihre Planung global zu analysieren und, wenn nötig, zu verbessern. Schreiben Sie in der kommenden Woche auf, wie Sie Ihre Zeit verbringen. Ein Schema finden Sie im Kasten 23. Notieren Sie einige Male am Tag, was Sie in den vorangegangenen Stunden gemacht haben. Schieben Sie diese Aufzeichnung nicht bis zum Abend des nächsten Tages auf, sonst werden sie ungenau und damit unbrauchbar. Zeichnen Sie ein ehrliches Bild Ihres Tagesablaufs, und unterscheiden Sie beim Ausfüllen folgende Kategorien:

- Organisierte Aktivitäten, zum Beispiel Zusammenkünfte der Unterrichtsgruppe, Vorlesungen und Praktika
- Selbststudium in Bibliotheken
- Selbststudium zu Hause
- Fahrtzeiten
- Persönliches: essen, schlafen, duschen ...
- Arbeit im Haushalt: putzen, einkaufen ...
- Freizeit: Sport, Fernsehen, Café ...

Auf der Rückseite des Plans notieren Sie, was Sie studiert haben: welches Buch, welches Thema, wie viele Seiten, wieviel Zeit.

Wenn Sie die Liste ausgefüllt haben, stellen Sie sich folgende Fragen:

- Sind Sie zu bestimmten Tageszeiten besonders produktiv? Warum?
- Welche Erwartungen hatten Sie hinsichtlich der Zeitplanung und der Produktivität? Wurden diese Erwartungen erfüllt?
- Welches sind Ihrer Meinung nach die wichtigsten Ursachen für Zeitverluste und Zeitverschwendung?
- Wann sind Sie in Zeitnot geraten?
- Was hat Sie beim Studium gestört? Was war hilfreich?
- Haben Sie Ihre Zeit angemessen auf die einzelnen Kategorien verteilt? Was können Sie verbessern?

Sie können das Thema auch in der Unterrichtsgruppe ansprechen, damit Sie eine Vorstellung davon gewinnen, wie die anderen Mitglieder mit ihrer Zeit umgehen.

Kasten 23
Zeitnachweis

Zeit	Montag Datum	Dienstag Datum	Mittwoch Datum	Donnerstag Datum	Freitag Datum	Samstag Datum	Sonntag Datum
07.00-07.30	....	....	....	....	....	....	....
07.30-08.00	....	....	....	....	....	....	....
08.00-08.30	....	....	....	....	....	....	....
08.30-09.00	....	....	....	....	....	....	....
09.00-09.30	....	....	....	....	....	....	....
09.30-10.00	....	....	....	....	....	....	....
10.00-10.30	....	....	....	....	....	....	....
10.30-11.00	....	....	....	....	....	....	....
11.00-11.30	....	....	....	....	....	....	....
11.30-12.00	....	....	....	....	....	....	....
12.00-12.30	....	....	....	....	....	....	....
12.30-13.00	....	....	....	....	....	....	....
13.00-13.30	....	....	....	....	....	....	....
13.30-14.00	....	....	....	....	....	....	....
14.00-14.30	....	....	....	....	....	....	....
14.30-15.00	....	....	....	....	....	....	....
15.00-15.30	....	....	....	....	....	....	....
15.30-16.00	....	....	....	....	....	....	....
16.00-16.30	....	....	....	....	....	....	....
16.30-17.00	....	....	....	....	....	....	....
17.00-17.30	....	....	....	....	....	....	....
17.30-18.00	....	....	....	....	....	....	....
18.00-18.30	....	....	....	....	....	....	....
18.30-19.00	....	....	....	....	....	....	....
19.00-19.30	....	....	....	....	....	....	....
19.30-20.00	....	....	....	....	....	....	....
20.00-20.30	....	....	....	....	....	....	....
20.30-21.00	....	....	....	....	....	....	....
21.00-21.30	....	....	....	....	....	....	....
21.30-22.00	....	....	....	....	....	....	....
22.00-22.30	....	....	....	....	....	....	....
22.30-23.00	....	....	....	....	....	....	....
23.30-24.00	....	....	....	....	....	....	....
24.00-00.30	....	....	....	....	....	....	....
00.30-01.00	....	....	....	....	....	....	....

5.8 Prüfungen, Zwischenprüfungen

Da die einzelnen Schulen sich sehr voneinander unterscheiden, was Prüfungen und Zwischenprüfungen angeht, können wir Ihnen in diesem Buch nur einige allgemeine Hinweise geben.

- Lesen Sie die Informationen über die Prüfungen in Ihrem Fach gründlich durch, und versäumen Sie es nicht, Fragen zu stellen, wenn Ihnen etwas unklar ist. Machen Sie sich auch mit zusätzlichen Verpflichtungen vertraut, z. B. Hausarbeiten, mündlichen Leistungsnachweisen, Praktika, Anwesenheitspflichten. Informieren Sie sich darüber, was Sie zu tun haben, wenn Sie an einer Prüfung oder an einer Pflichtveranstaltung nicht teilnehmen können.

- Lesen Sie Aufgabentexte früherer Prüfungen, ehe Sie eine „echte" Prüfung machen, damit Sie einen Eindruck davon bekommen, welche Fragen gestellt werden. Manche Schulen stellen solche Informationen zur Verfügung oder bieten Probeprüfungen an. Andernfalls können Sie Prüfungsaufgaben vielleicht von Studenten erhalten.

- Meist bekommen Sie nach einer Prüfung nicht nur eine Note, sondern Sie erfahren auch, was Sie richtig oder falsch gemacht haben und wie der Notendurchschnitt aller Teilnehmer lautet. Nutzen Sie diese Informationen für Ihr weiteres Studium. Prüfen Sie, welche Themen Sie vernachlässigt haben, was Sie noch nicht verstanden haben und wie andere Studenten abgeschnitten haben.

- Im problemorientierten Unterricht kommt es vor, daß Studienbücher zu einem bestimmten Thema unterschiedliche Informationen enthalten. Das kann dazu führen, daß eine Antwort als falsch bewertet wird, obwohl Sie anhand eines Buches nachweisen können, daß Sie recht hatten. Wenden Sie sich in diesem Fall an den betreffenden Dozenten – meist wird die Note dann korrigiert.

- Wenn das Prüfungsergebnis nicht ausreichend ist, sollten Sie sich sofort darüber informieren, wie und wann Sie die Prüfung wiederholen können.

5.9 Ich schaffe es nicht

Viele Studenten sind mit dem problemorientierten Unterricht sehr zufrieden. Eine Umfrage unter Studenten an der Universität Maastricht zeigt, daß diese Unterrichtsmethode für viele Studenten der wichtigste Grund dafür ist, sich in Maastricht einzuschreiben.

Unterrichtsprogramme mit problemorientiertem Unterricht zeichnen sich durch kürzere Studienzeiten und weniger Studienabbrecher aus. Das bedeutet allerdings nicht, daß niemand mit dieser Unterrichtsform Probleme hat.
Nicht jeder bringt die Disziplin auf, sein Studium selbst zu organisieren. Das kann dazu führen, daß ein Student sich seinem Studium nicht intensiv genug widmet. Außerdem fühlen manche Studenten sich sehr unsicher, wenn man ihnen nicht genau sagt, was sie lernen sollen. Anderen gefällt die Arbeit in der Gruppe nicht. Oft kommen solche Studenten zu der Schlußfolgerung, daß sie das falsche Studienfach gewählt haben.

Es ist nichts Besonderes, wenn Sie Zweifel an der Wahl Ihres Studienfachs oder an Ihrer Arbeitsweise haben. Viele Studenten stellen sich nach einigen Monaten die Frage, ob das Unterrichtsprogramm ihnen bietet, was sie erwartet haben. Und wenn ihnen klar wird, was ihnen noch bevorsteht, sind sie sich nicht mehr sicher, ob sie es schaffen. Es ist ratsam, über solche Zweifel mit anderen Studenten, mit dem Tutor oder mit einem Berater zu sprechen. In diesen Gesprächen erfahren Sie möglicherweise, wie Sie effektiver lernen können, und oft stellt sich heraus, daß Sie es mit Anlaufproblemen zu tun haben, die lösbar sind. Wenn Sie Schwierigkeiten mit Teilen des Lernstoffs haben, müssen Sie sich damit besonders gründlich befassen. Zahlreiche Probleme sind allerdings auf die Arbeitsweise zurückzuführen. Im Rahmen dieses Buches haben wir spezifischen Studienproblemen wenig Aufmerksamkeit geschenkt; aber in der Liste der empfohlenen Literatur finden Sie einige Bücher, die auf Fertigkeiten und Studienprobleme ausführlicher eingehen.

Wenn Sie nach einiger Zeit tatsächlich das Studienfach wechseln wollen, können Gespräche Ihnen helfen, eine neue und bessere Wahl zu treffen.

5.10   Lernen lernen

Der problemorientierte Unterricht ist eine Aufforderung an den Studenten, selbst aktiv zu werden, um sein Studium zu bewältigen. Aktives Lernen ist nicht nur eine gute Methode, um ein Diplom zu erwerben, sondern auch eine Vorbereitung auf den Beruf. Hochschulen bilden für Berufe aus, in denen komplexes Wissen und komplexe Fertigkeiten wichtig sind. Die beruflichen Anforderungen verändern sich jedoch ständig, weil neues Wissen, neue Einsichten und neue Techniken hinzukommen. Weiterbildung ist daher in jedem Fach unerläßlich. Der problemorientierte Unterricht gibt Ihnen die Chance, vom Beginn Ihres Studiums an zu lernen, wie Sie neue Kenntnisse und Fertigkeiten selbständig erwerben können. „Lernen lernen" ist neben dem Erwerb von Diplomen auch ein wichtiges Ziel der Ausbildung. Wir wünschen Ihnen dabei viel Erfolg.

Literaturverzeichnis

Introducing ICN's International Classification for Nursing Practice (ICNP): A Unifying Framework. Int Nurs Rev 1996; 43(6):169-70.

Albas, G., Groesprocessen. Het functioneren in taakgerichte groepen, Van Loghum Slaterus, Arnhem 1983.

Barrows, H. S., A specific, problem-based, self-directed learning method designed to teach medical problem-solving skills, selflearning skills and enhance knowledge retention and recall. In: Schmidt, H. G., en M. L. de Volder, Tutorials in problem-based-learning, Van Gorcum, Assen(Maastricht 1984.

Bouhuijs, P. A. J., H. G. Schmidt en H. J. M. van Berkel, Problem-based learning as an educational strategy, Network Publications, Maastricht 1993.

Elshout-Mohr, M., en M. M. van Dalen-Kapteijns, Leren door studeren, Coutinho, Muiderberg 1993.

Gelens, A., Psychologische achtergronden van studieproblemen, Coutinho, Muiderberg 1984.

Van-Hout-Wolters, B., P. Jongepier, en A. Pilot, Studienmethoden, Wolters-Noordhoff, Groningen 1991.

Jaques, D., Learning in groups, Croom Helm, London 1984.

Luijk, S. J. van, H. L. J. Bartstra en N. E. J. C. I'Espoir, Studenten met studieproblemen aan de medische faculteit Maastricht, Intern rapport PES88-17, Rijkuniversiteit Limburg, Maastricht 1988.

Mirande, M., Studeren door schematiseren, Coutinho, Muiderberg 1989.

Montgomery, R. L., Lessen in luisteren, Intermediairbibliotheek, Amsterdam 1982.

Remmerswaal, J., Handboek Groepsdynamika, Nelissen, Baarn 1995.

Schmidt, H. G. en P. A. J. Bouhuijs, Onderwijs in taakgerichte groepen, Spectrum, Utrecht 1980.

Steehouder, M., C. Janssen, K. Maat, J. van der Staak en E. Webb, N. M., Peer interaction and learning in small groups, International Journal of Educational Research, 13. pag. 21-41.

Woudstra, K., Leren communiceren. Procedures voor mondelinge en schriftelijke communicatie, Wolters-Noordhoff, Groningen 1984.

Stemerding, A. H. S., Vergadertechnick en groepsgesprek, Samson, Alphen aan den Rijn 1975.

Weiterführende Literatur

Die folgende Literaturliste enthält zahlreiche niederländische und deutschsprachige Bücher und Artikel, die zum vertiefenden Studium der Methode des problemorientierten Lernens geeignet sind.

Abel, B.: Problemorientiertes Informationsverhalten. Toeche-Mittler, Darmstadt 1977.

Clénin, B.; Elfrich, U.; Gnädinger-Schnitzer, B.; Kiechler, M.: Problemorientiertes Lernen, mehr als Strukturänderung? PflegePädagogik 5 (1995) 11: 11-14.

Gräsel, C.: Problemorientiertes Lernen – Strategieanwendung und Gestaltungsmöglichkeiten. Hogrefe, Göttingen 1997.

Meyer, G.: Problem-basiertes Lernen – eine verändertet Pädagogik im Gesundheitswesen. PflegePädagogik 6 (1996) 2: 21-26.

Hout-Wolters, B. van, P. Jongepier en A. Pilot, Studienmethoden, Wolters-Noordhoff, Groningen 1991.

Mirande, M., Studeren door schematiseren, Coutinho, Muideberg 1989.

Pfaff, M.: Problemorientiertes Lernen – Anleitung mit 20 Fallbeispielen. Chapman & Hall, Weinheim 1996.

Remmerswaal, J., Handboek Groepsdynamica, een nieuwe inleiding op theorie en praktijk, Nelissen, Baarn 1995.

Saxler, J.: Problemorientiertes und entdeckendes Lernen in der Physik. Westarp-Wissenschaften, Hohenwarsleben 1991.

Schouwenburg, H. C., en J. T. Groenewoud, Studieplanning. Wolters-Noordhoff, Groningen 1997.

Steehouder, M., C. Janssen, K. Maat, J. van der Staak en E. Woudsma, Leren communiceren. Procedures voor mondelinge en schriftelijke communicatie, Wolters-Noordhoff, Groningen 1992.

Woerden, W. van, F. Bertels en Ch. Blom, Onderwijsprojecten/Projectonderwijs, Delftse Universitaire Pers, Delft 1988.

Sachwortverzeichnis

Modularisierung des Pflegeunterrichts

Patrick Muijsers
**Modularisierung
des Pflegeunterrichts**

IV/1998. ca. 128 Seiten, ca. 10 Abb.
Format 14.5 cm x 21.5 cm, Softcover
ca. DM 34.00, SFr 31.50, öS 248.00
ISBN 3-86126-671-7

Pflege als Unterrichtsgegenstand wird immer umfassender und zunehmend komplexer.
Eine Aufteilung dieses Ganzen in einzelne Einheiten oder Module ist deshalb unum-
gänglich. Ein Modul ist eine in sich abgerundete Einheit und zeigt Lehrenden und
Lernenden direkt und umfassend warum, was, wo, wie lange, mit welchen Hilfsmitteln
und in welcher Abschlußform gelernt werden soll.

Patrick Muijsers, der sich bereits als Autor zum Thema „Fertigkeitenunterricht und
Skills labs" hervorgetan hat, erläutert in diesem neuen Buch die Notwendigkeit, die
Möglichkeiten und die konkrete Herangehensweise bei der Modularisierung von
Pflegeunterricht. Er konkretisiert dies an verschiedenen Unterrichtseinheiten.

Die Modularisierung des Pflegeunterrichts erlaubt die Verknüpfungen und Vernetzung
einzelner Einheiten. Sie macht einzelne Lerneinheiten für Lehrende und Lernende
transparenter, überschaubarer und überprüfbarer. Module erlauben für beide Seiten
eine gezieltere Unterrichtsvorbereitung. Sie ermöglichen dem einzelnen Auszubilden-
den sich vermehrt lehrerunabhängig zu entwickeln und sein eigenes Lerntempo
bestimmen zu können.

**Ullstein Medical
Verlagsgesellschaft mbH & Co.**
Mainzer Straße 75
D-65189 Wiesbaden